中华经典藏书

李小龙 译注

# 墨子

中华书局

**图书在版编目(CIP)数据**

墨子/李小龙译注. —北京:中华书局,2016.1
(2019.10 重印)
(中华经典藏书)
ISBN 978 – 7 – 101 – 11363 – 1

Ⅰ. 墨… Ⅱ. 李… Ⅲ. ①墨家②《墨子》–译文
③《墨子》–注释 Ⅳ. B224

中国版本图书馆 CIP 数据核字(2015)第 264292 号

书　名　墨　子
译 注 者　李小龙
丛 书 名　中华经典藏书
责任编辑　周　旻
出版发行　中华书局
　　　　　(北京市丰台区太平桥西里 38 号　100073)
　　　　　http://www.zhbc.com.cn
　　　　　E-mail:zhbc@zhbc.com.cn
印　　刷　北京市白帆印务有限公司
版　　次　2016 年 1 月北京第 1 版
　　　　　2019 年 10 月北京第 7 次印刷
规　　格　开本/880×1230 毫米　1/32
　　　　　印张 9¾　插页 2　字数 150 千字
印　　数　53001–61000 册
国际书号　ISBN 978 – 7 – 101 – 11363 – 1
定　　价　20.00 元

# 前　言

《墨子》，是中国文化中的一部奇书，也是一部寂寞的书。

鲁迅先生说：伟大也要有人懂。而伟大的《墨子》却在中国文化传统中，沉默了两千年。长时间在黑暗中的沉默，不仅影响了对其深层思想的诠释，甚至影响了对其浅层语言的理解，而且，也限制乃至取消了其对中华文化建构的发言权，墨子的思想与精神只好潜伏在中华文化的潜流之中，或沉默，或偶尔嗫嚅着发出微弱的声音。

然而，历史是公平的，一部真正伟大的作品可以暂时寂寞，但不会永远寂寞，终究会迎来发言的机会，而且，这一发言必然是黄钟大吕，天下耸动。转机来自于传统文化的变革。西学东渐的历程与新文化运动的勃兴，为古老的中国文化打开了新的视野。新的目光触及到了黑暗中的《墨子》，才惊讶地发现，它原本就焕发着夺目的光彩。

在清末，有一批认识了西方的学者对墨子作出了新的判断。邹伯奇提出了"西学源出墨学"的说法，他认为西方的天文、历法、算学等，都导源于《墨子》，并曾经依墨子的理论做过小孔成像的实验，制造过望远镜与我国历史上最早的照相机。张自牧在论说了墨家科技成就后说"墨子为西学鼻祖"。王闿运认为《墨子》是西方宗教的源头，如佛家之释迦牟尼、基督教之耶稣都无官位俸禄而被奉为圣师，当受惠于墨学。郭嵩焘认为耶稣视人如己的教义正是墨家兼爱的意思。黄遵宪则从五个方面来论述这一命题：即西方的人权源于墨子的尚同；西方的独尊上帝源于墨子的尊天明鬼；西方的平等博爱源于墨子的兼爱；西学物理发达，源于《墨经》；西学长于器械制造，源于墨学备攻乃至于墨子造纸鸢之术。甚至得出"至于今日，而地球万国行墨之道者，十居其七"的结论……我们并不否认这些说法有"数人之齿，而以为富"（《墨子·公孟》）的心理，但也要承认他们显然拥有了新的目光，并发现了墨子的价值。

在戊戌变法到五四时期，学人逐渐抛开了前者的夜郎心理，但对墨子的推崇却有增无减。《民报》创刊号卷首列古今中外四大伟人肖像，以墨子与黄帝、卢梭、华盛顿并列，被尊为"世界第一平等、博爱主义大家"。梁启超针对当时的国情，提出"今欲救之，厥惟墨学"的口号。爱国志士易白沙说："周秦诸子之学，差可益于国人而无余毒者，殆莫过于墨子矣。其学勇于救国，赴汤蹈火，死不旋踵，精于制器，善于治守，以寡少之众，保弱小之邦，虽大国莫能破焉。"谭嗣同更为墨子精神的实践者，他不仅"深念高望，私怀墨子摩顶放踵之志"，而且能舍生赴死，慷慨就义，甘愿成为变革中不可避免的牺牲……

中国历史与中国文化崭新的一页，是伴随着墨子的被重新"发现"而缓缓打开的。

## 一 墨子、《墨子》与墨家

历史总会给人留下种种的遗憾：对于墨子这样一个伟大的人，我们直到现在却依然所知甚少，甚至连他最基本的姓氏也难以确定。如元代伊世珍在《琅嬛记》中引用《贾子说林》，称墨子并不姓墨，而是姓翟，因其母亲分娩前曾梦有乌鸦入室，醒来就生下了墨子，故取名为"乌"；清代周亮工《因树屋书影》卷十亦持此论；钱穆则认为墨子之所以叫墨子，是因为他是受了墨刑的囚徒；而胡怀琛与卫聚贤则认为他是印度人或阿拉伯人。这些奇怪的说法都表明了一个事实，那就是墨子的生平资料太少，其真实的面貌已经被湮没在茫茫的历史沙尘之中。而我们对于墨子的论述，只能依据学术界大体认可的说法来介绍。

一般而言，人们认定，墨子姓墨名翟，出生地在今山东滕州，当为春秋战国之际的鲁国人（亦有学者坚持其为宋国人或楚国人）。他是宋襄公之兄公子目夷的后代，此人因封于目夷，故名目夷子，而目夷原为商朝所建的同姓小方国，即在今滕州市内。

墨子的生卒年也是一个研究界莫衷一是的问题。《史记·孟子荀卿列传》说"或曰并孔子时，或曰在其后"，可见司马迁也已经不能知道墨子确切的生卒年了。而据学者的研究，大致可以推定墨子生于公元前480年左右，卒于公元前390年左右。大约相当于孔子逝世后，孟子出生前的时代。

墨子的身份据其《贵义》中的记载，可知地位当较低微，《墨子·鲁问》、《韩非子·外储说左上》里均曾记载墨子造车辖的事，后者甚至载其制木鸢，能在天上飞一天，由此可知，他也许曾从事过手工业，而且是一个能工巧匠。

当然，他的一生行事虽然没有明确的文献记载，但我们从《墨子》一书中便可以看到大概。他与孔子一样，以救世解纷为己任，立说授徒，周游列国。他平生足迹所至，曾向北到达齐国，向西到达卫国，多次游历楚国，到过郢都，到过鲁阳；亦曾劝阻鲁阳文君的攻郑，说服公输盘的谋宋等。而且，他还多次推荐自己的弟子去做官，以此来推行自己的思想。

《墨子》一书，据《汉书·艺文志》记载，共有七十一篇，然而，现存的《墨子》已然不全了，只剩五十三篇。其中，有八篇有目无文，另有十篇既无目，亦无文。不过，可以知道均当为城守各篇的内容。

据先秦诸子的成书惯例，我们可以推测，《墨子》一书也并非墨子一人所作。但是，具体哪些篇目是墨子所作，学术界还颇有歧见，但大体上，比较通达的是任继愈的看法，即从

《尚贤》到《非儒》的十一组二十四篇当是墨子当年系统讲解自己的学说，后为弟子记录整理而成的；而《耕柱》、《贵义》等五篇则相当于墨子的语录，都可以当作墨子的著述来看。不过，像《经上》等《墨经》六篇、《亲士》等七篇及《备城门》等城守各篇则或为墨子弟子整理，或为墨家后学记录，如果都看作墨子的作品也未尝不可。

据《韩非子·显学》记载："世之显学，儒墨也。儒之所至，孔丘也；墨之所至，墨翟也。"以此可知，在那个百家争鸣的辉煌时代，墨子所创立的墨家学派声势之浩大，超法逸道而直与儒家相抗衡。

《淮南子·要略》中说，墨子曾学儒者之业，授孔子之术，可见其最初是曾师孔学儒的，但是他对于孔子所主张的繁文缛节极为不满，故另为立说，从而走上了与儒学针锋相对的道路，他在产生之初就有与儒家争衡的意味。而且，其迅速崛起也当与其时之生产条件与社会关系有关。正是在这样的基础上，他的影响越来越大，弟子也日益增多，从而形成了显赫的墨家学派。

《吕氏春秋·当染》记载，儒家与墨家"从属弥众，弟子弥丰，充满天下"，又其《不侵》中说："孔墨布衣之士也。万乘之主，千乘之君，不能与之争士也。"这说明此时的墨家势力很大，然而，墨子弟子的情况却很少见于载籍，孙诒让的《墨学传授考》用尽心力，在《墨子》一书及先秦典籍中才钩沉出三十余人。而在司马迁的《史记》中，不但把孔子列入世家，而且为孔子的弟子单独写了列传，可墨子本人也只有寥寥二十四个字，遑论墨家弟子。此后，墨家的宗教色彩越来越浓重，作为当世之显学的墨家，在秦代焚书坑儒的文化摧残之后，便也宣告衰落，而且，到了西汉，儒家复兴，墨家却未能东山再起。从这时起，一代之显学便成为了千古之绝学，退入了漫长的黑暗之中。

## 二 《墨子》的主要内容

《墨子》一书的内容极为庞杂，大体可以分为三个部分。

首先是体现墨家核心思想的文字：即《尚贤》以下二十三篇专题论文中的十大主张，此前的《亲士》七篇所反映的思想都可以在其中找到更详尽与全面的论述，而《耕柱》、《贵义》等五篇虽零散，但所论也不出这些主题的笼罩。

这十大主张又大致可以分为四类：

一是伦理思想，也是墨子学说的理论基础，即兼爱。

墨子认为，当时的整个社会之所以有这么多的问题，如人与人之间的相互残害、家与家之间的相互掠夺、国与国之间的相互攻伐，乃至于君臣间的不忠诚、父子间的不慈孝、兄弟间的不和睦……其最为核心的原因就在于人与人之间没有一种无差等的爱，如果人们能够做到兼爱，那么就会"强不执弱，众不劫寡，富不侮贫，贵不敖贱，诈不欺愚，凡天下祸篡怨恨可使毋起"，从而达到天下的大治。而如果世人都兼爱了，就会互利互惠，并因此而达到非攻；因兼爱天下百姓而讲节用、节葬和非乐，并用天志说来限制人的浪费；以明鬼为推行兼爱的手段，并打破天命论对于兼爱的阻碍。

其实，儒家也是讲"爱"的，所谓"仁者爱人"即为此意，但儒家的爱是以"亲亲"为基础的，是有差别的，而墨子的兼爱却是无差等的爱，是所有的人之间互相平等的爱。虽然，也许我们会觉得这种理论空想成分过多，但是，却也不得不承认，爱，永远是人类烟水苍茫的历史长河中熠熠闪烁的粼粼波光。

二是政治思想：即尚贤、尚同、非攻。

一个社会的政治状况虽然受生产力状况与社会发展状况的制约，但是，统治者与各级当政者的个人品质及特点也无疑是其中最为重要的因素。所以，一种政治体制，其最为核心的政治活动便是官吏的选拔。而墨子所认定的"为政之本"就是尚贤，他的尚贤极为彻底，打破了封建社会的等级观念，唯贤是举。仅此而言，其思想之高远与宏达已远远超出同时代的思想家。更何况墨子在此篇及后边的《尚同》篇中也隐约表达出帝王也当由此途径而出的意思，这更是石破天惊之论，有人把他当作西方民主政治的前源也不足为怪。当然，此后墨家学派之所以从显学而变为绝学，这也是其重要原因之一，因为这从根本上危及了统治者的地位。

尚同则是要讨论下级对上级的服从。墨子认为一里之人要统一于里长，一乡之人要统一于乡长，一国之人要统一于国君，而天下之人要统一于天子。正是在这样的政治幻想中，墨子把全天下组织成了一个纲举目张、有条不紊的系统。只要能够达到以上级的是非为是非，就会统一而不会产生混乱，这一主张也反映出墨家理想化而又简单化的大同愿望。当然，墨子也考虑到了这种主张理论上的漏洞，所以，要联系他的尚贤论与天志论来理解。从兼爱观念出发，在政治思想上，墨子还极力主张非攻。我们知道，在墨子生活的春秋战国时期，也恰是中国历史上战争最为频繁的时期之一，而墨子不仅从他的理论基石——兼爱出发，也从当时的社会现实出发，充满愤怒地论述了攻国之不义，并以层层深入的比喻来论证"窃钩者诛，窃国者侯"的荒谬。不过，我们还应当看到，墨子并非迂腐的说教者，他对春秋战国时期的现实极为清醒，他知道只凭借道德上的良好愿望与自律幻想是不可能阻止战争的，所以，与他非攻相辅而行的还有他卓越的军事主张。

三是经济思想：即节用、节葬、非乐。

其实，如果可以脱略主张的具体内容而只抽象看待的话，墨子的主张中，最有永恒意义并在每个时代都有可行性的便是节用。这其实也是他经济思想的核心。而就墨子所处的时代而言，节用的主张亦更显得重要。当时的生产力水平比较低下，人类所能创造出来的生活物资较少，提倡节约在某种程度上就相当于在创造价值。基于此，墨子认为，人类所有的消费，都应该以满足最为基本的自然需求为限，如食能果腹，衣可御寒，杜绝一切无益实用的消费。其实，这也是针对儒家的各种繁琐规定而发的。

节葬算是节用的一个分支，不过，儒家厚葬久丧之礼过于不切实用，却流风所及，遍被士林，所以墨子将此单独提出详为论列。儒家的厚葬久丧在墨子看来，是完全没有必要的浪费。所以，墨子针锋相对提出节葬的主张，对于保存当时社会的生产力、增进社会财富而言，是极有意义的。而且，相对于儒家的主张，墨子所说的"衣食者，人之生利也，然且犹尚有节；葬埋者，人之死利也，夫何独无节于此乎"，显得如此剀切而通达。

非乐其实是节用的外化。当然，从其行文中可以看出，墨子并非不能欣赏音乐的美，他的这一主张其实有很深远的考虑，那就是在当时的社会生产力条件下，王公大人对于声乐之美的追求，只会造成"亏夺民衣食之财"的后果。这不但是当时社会物质生产极端匮乏下的一种无奈之举，也是墨子对于当时社会的两极分化的一种批判。因为，统治者在衣食无忧情况下的沉湎声色，是以民众的牺牲为代价的。

四是宗教思想：即天志、明鬼、非命。

如果说兼爱是墨子从人世间筛选出来的理论基石和核心的话，那么，天志观则是墨子思想的原动力，是逻辑起点。他认为，上天是有意志的，而其意志主要表现为"天欲义而恶不义"和"天之爱天下之百姓"。其尚同、兼爱、非攻等思想的推理无不以此为起点，而尚贤、节用、节葬也都通过圣王而间接源于此。

明鬼的论点也体现出墨子以唯心主义的外壳来装饰其改造社会的良苦用心，他不过想借此来整顿社会秩序。他天真而且很可爱地设想，如果所有的人都能相信鬼神可以施福降灾、赏善罚恶，从而为全社会产生一种共同的约束力，就能达到天下大治。但他根本没有想到，这个说法本身已经暴露了他对于鬼神存在的怀疑。

非命的观点是在与儒家的争辩及社会生活的实践中提出的：儒家的"生死有命，富贵在天"对于广大的民众而言是一针麻醉剂，也是墨子所说的"繁饰有命，以教众愚朴之人"的阴谋；同时，天命思想在社会生活中也体现出其消极的特点，对于人类的创造性有深深的损伤。而墨子在社会生活中是一个态度积极的人，他认为，所有的事情，之所以做得好，是因为个人的努力，只有每个人都尽力了，社会才会发展。在后边的《鲁问》中，记载了墨子与其弟子彭轻生子的一段对话，就可以看出墨子对于人类自己努力的自信，这也正是人类能以自在的状态生存在这个世界上所必须的强烈自信。

其次是《墨经》所包含的与社会科学乃至于自然科学有关的知识。这一部分内容十分复杂，仅以谭戒甫的《墨经分类译注》为纲，即可分出十二种学科门类，何况此书并未包括《大取》、《小取》二篇。《墨经》代表了先秦时代在各个学科所取得的成就，有许多成就令人极为惊讶。如其在自然科学上所取得的成就，杨向奎曾评价说："一部《墨经》，无论在自然科学哪一方面，都超过整个希腊，至少等于整个希腊。"

第三类是其军事思想。墨子十大思想中最为主要的是兼爱和非攻，但是，墨子并非当时以为礼乐便可安国的腐儒。对于当时的社会状况，墨子是极为清醒的，他清楚地知道，反对攻伐，仅仅靠道义的感召与理论的说服远远不够，正如鲁迅所说"一首诗吓不走孙传芳"，所以，一个和平主义者，也要有坚强的力量来作为和平的保障乃至于砝码。因此，《墨子》自《备城门》以下，全是有关军事的内容，这些篇目从某种程度上可以看作是一部杰出且实用的"墨子兵法"。

## 三 对《墨子》的研究

从墨家以清新嘹亮的声音加入百家争鸣的大合唱时，就开始有人对其进行了研究。如孟子指责墨子兼爱的主张是"无父"，故诋之为"禽兽"，但也承认其"摩顶放踵利天下"的行为；荀子批评墨子"蔽于用而不知文"；庄子在其《天下》篇中，论述墨子"意则是，其行则非"，然而，也充满同情地说墨子"真天下之好也，将求之不得也，虽枯槁不舍也，才士也夫"；汉代司马迁父子、王充、班固等人也均对墨子发表了意见。

墨子之后大致五百年，西晋学者鲁胜曾对《墨子》中的《墨辩》四篇进行了注释，此书是中国历史上可知的最早的《墨子》注本。虽然此书现已佚失，但其序还保存在《晋书》中。此后又经过了四五百年，在唐代产生了乐台的注本，但也早已失传。

唐代以继儒家道统为己任的韩愈曾写过《读墨子》一文，其文竟有"孔子必用墨子，墨子必用孔子，不相用不足为孔墨"之语，其实是有深远的考虑的，清代学术大师俞樾有"乃唐以来，韩昌黎外无一人能知墨子者"之语，亦得其实。

不过，对《墨子》真正意义上的研究，是从清代开始的。清代初期，傅山做《墨子大取篇释》，虽仅对《墨子》中的《大取》一篇进行训释，却成为清代墨学复兴的第一箭阳光。此后，文学家汪中曾用六年时间校注《墨子》，当有所获，可惜其书却未能流传，而据其所流传下来的《墨子序》与《墨子后序》可以看出，他"不但为墨子辨千古之枉曲，而且把儒墨显学并称的历史首先指示出来，一扫二千年来异端的诬蔑"（侯外庐语）。几乎同时的毕沅在几千年的历史中，第一次对《墨子》全文进行了认真而富有成效的注释与读解工作，其十六卷的《墨子注》也成为《墨子》整理史上承前启后的力作。到了清代后期，终于产生了《墨子》整理史上空前的巨著：孙诒让的《墨子间诂》。此书以毕沅的《墨子注》为蓝本，以清代四十余家研究墨子的著作为参照，详为推考，以数十年功力，成此两千年墨学研究的集大成之作。梁启超在《中国近三百年学术史》中评价说："大抵毕注仅据善本雠正，略释古训；苏氏（即苏时学）始大胆刊正错简；仲容（即孙诒让）则诸法并用，识胆两皆绝伦，故能成此不朽之作。……其《附录》及《后语》，考订流别，精密闳括，尤为向来读子者所未有。盖自此书出，然后《墨子》人人可读。现代墨学复活，全由此书导之。古今注《墨子》者固莫能过此书，而仲容一生著述，亦此书为第一也。"

据统计，清代大致有六十种墨学研究专著，而现代的三十年就产生了大约一百种，数量激增，研究的质量也很高。就拿全书整理本而言，就出现了两部极有特点的全注本。一是张纯一的《墨子集解》，此书为作者积十数年之功写成的，他吸收了孙诒让《墨子间诂》未及收入的成果及其产生后问世的成果，并能参以己意，时有新说，于句意、段意和篇意有通达的解说与发挥，虽然校勘粗略，但材料宏富，解说尤详。二是吴毓江的《墨子校注》，此书最大的功绩在于校勘，作者积二十年之功，对于现存的古代《墨子》版本，几已网罗无遗，共用一种唐本、十四种明本、两种清本，此外还多从类书与古注中搜集引文以作比证，进行了孙诒让、王念孙诸人所未措意的文字校勘问题，全书后也有丰富的附录资料。而岑仲勉的《墨子城守各篇简注》则生面别开，以《孙子兵法》为背景来评价墨子城守各篇的军事价值，并能结合后世器具实物、古代兵书与兵图、古代战例来解释书中的各种器物。

建国以后，墨子的研究更是蓬勃开展，据统计约有二百种研究专著问世。其中，在《墨经》的整理方面有谭戒甫的《墨辩发微》与《墨经分类译注》、高亨的《墨经校诠》等。而在《墨子》全书文本的训释上，王焕镳耗十年心血而成百万言的《墨子集诂》成为《墨子》笺注史上又一部集大成的巨著，其书除去了《墨经》六篇与城守各篇，仅释所余之三十六篇，以孙诒让《墨子间诂》为底本，并参照其所能搜罗到的诸家意见，择善而从，间出己意，不但是《墨子》整理史上引书最多的一家，而且，在校释上也多有发明。

## 四　本书的整理情况

本书为《墨子》的一个选本。但由于《墨子》一书的特殊性，此选本在某种程度上亦有全本之功。如《墨子》卷一从《亲士》到《三辩》的七篇及《耕柱》、《贵义》等五篇都全部入选，不做删节。而中间从《尚贤》到《非儒》的十一组中，每组均有三篇文章，内容基本相同，甚至措辞与事例都极相近，故被学者认为是"墨分为三"后弟子传述不同的结果。因此，这十一组文章，仅选其最为完整明晰的一篇。当然，也有个别例外，如《非攻》，本来《非攻中》论述更为全面，但《非攻上》之行文简洁严谨，层层设喻，是最典型的墨子文章，故舍"中"而选"上"；再如《节葬》、《明鬼》、《非乐》、《非儒》四组都各仅存一篇，故无可选择。《墨经》内容庞杂，涉及了许多专业知识，且研究界也歧见迭出，故仅选其与光学有关的八条，以见一斑而已。城守各篇亦多涉及防守的方法与器械，疑晦难明处很多，故仅因《公输》之云梯而选《备梯》一篇以尝鼎一脔。本书不分卷，依篇排序。

本书以王焕镳的《墨子集诂》为底本，因其书为集解性质，故所收极为丰富，一册在手，众善毕集，可以参照诸家，择善而从。而且，王之按断亦多精义，许多前人莫衷一是的问题，他都有别具手眼的考论。当然，也有个别地方似未得当，则参酌吴毓江《墨子校注》或张纯一《墨子集解》甚至孙诒让《墨子间诂》正之，偶尔也参以己意。此外，谭家健的《墨子选译》严谨而得当，故亦有所取资。

关于正文。一般情况，正文以底本为主，不作改动，以尊重原貌。

有两种情况则在正文上直接改正而不作说明：一、王焕镳《墨子集诂》乃以孙诒让《墨子间诂》为底本，若孙本印误，王仍存其旧，仅在注中说明者，则改之；二、孙本又以毕沅《墨子注》为底本，毕本有不少无意之舛误，孙本与王本仍之而未改者，亦改之。

另有一种情况，即正文文字明显有误，研究者亦多指出者，如有确切的版本依据，则改动正文，并于注中说明。

如果有研究者对一些文字有新的看法，虽近真却无版本依据者，不改动原本，只在注中说明当改为某某，译文也以校改后的文字为准。

关于注释。本书的注释尽量简明，一般通过译文可以了解的字词，便不再作注；一般性常识，如墨子常常引及的古代贤君与暴君的事例，在第一次出现时加注，其后则不再加注，个别前详后略，以助阅读。

故本书之注约有五种：一是难字需注音者，二是难理解的字词与文化常识性的内容，三是难理解的语句需串释者，四是通假字，五是校改说明。

关于译文。为忠于原文，本书译文以直译为主，同时也尽量做到晓畅通达。而且，一些字词并未设注，实在译文中已有所体现；而个别语句极为复杂者，译文仍以直译为之，难解之处则在注中说明，以助理解，并使注与译可以交相为用。

此外，全书正文对话与引用层次繁复，为避淆乱，仅后六章因多用对话，仍加引号以清眉目；其余论说之文在各段对话与引用前均有相应提示语，不用引号亦可明白，如用引号，反徒生滋扰，故均从王焕镳书例不加引号标识，译文亦从之；但此类正文中有明确出处者有加引号，以明引用起止。

最后，此书的完成，除前文所及外，还借鉴了墨学研究界众多学者的研究成果，如任继愈《墨子》、杨俊光《墨子新论》、邢兆良《墨子评传》、苏凤捷、程梅花《平民理想——〈墨子〉与中国文化》、郑杰文《20世纪墨学研究史》等；而且亦幸得张廷银老师的帮助与指导，在此深表谢忱。

容有未当之处，期待读者与专家的批评指正。

李小龙

乙未秋于京师家园四相簃

# 目　录

# 亲　士

　　"亲士"就是说要重视人才，这其实与墨子"尚贤"的主张相一致，即认为一个国家兴盛与否的关键在于能否任用贤才。《墨子》一书以此为开首第一篇，可见其重视程度，也无疑表现出墨子宏通长远的战略眼光。

　　文章首先把贤士的作用提到一个极高的位置，然后通过晋文公、齐桓公与越王勾践的例子以及夏桀与商纣的反例来证明用贤的重要。接下来，作者指出，国君要用贤，一定要律己严而待人宽，这样才会有更多的贤人为国所用。此外，作者还极为深刻地指出，士因其能力突出而遭杀身之祸的事例太多了，所以警诫帝王一定要善待贤士，凡是人才，都有一定的个性，难于驾驭，但正因如此，帝王才更要尊重他们，只有这样，才能成就帝王的大业。

　　全文说理层层深入，几次变换角度，让人觉得似乎作者已经离开了中心，甚至有人怀疑"今有五锥"一段不是墨子原文，其实，如果扣紧"亲士"的主题去理解，就会发现其文章的理路血脉贯通。

入国而不存其士<sup>①</sup>，则亡国矣。见贤而不急，则缓其君矣。非贤无急，非士无与虑国。缓贤忘士，而能以其国存者，未曾有也。昔者文公出走而正天下<sup>②</sup>，桓公去国而霸诸侯<sup>③</sup>，越王勾践遇吴王之丑<sup>④</sup>，而尚摄中国之贤君<sup>⑤</sup>。三子之能达名成功于天下也，皆于其国抑而大丑也<sup>⑥</sup>。太上无败，其次败而有以成，此之谓用民。

【注释】

①存：恤问，即关心的意思。

②文公：指晋文公重耳，他曾被迫流亡于外十九年，后来回国即位。他在位期间，重用贤才，终于使晋国强大起来，成为春秋五霸之一。

③桓公：指齐桓公，他的哥哥齐襄公昏庸无道，他被迫出奔莒国，襄公死后他被迎回即位。此后他重用管仲，成为春秋五霸之一。

④勾践：越国国君，曾被吴王夫差打败，于是卧薪尝胆，励精图治，终于在范蠡与文种等贤臣的帮助下消灭吴国，报仇雪恨，并成为春秋五霸之一。

⑤摄：通"慑"。

⑥而：那，那个。

【译文】

治理国家却不关心那里的贤士，就会有亡国的危险。见到贤人却不马上任用，他们就会怠慢君主。没有比任用贤士更急迫的事了，如果没有贤士也就没人谋划国家大事。

怠慢贤士、轻视人才，而能使国家长治久安，是从来没有过的。从前，晋文公被迫出逃却能够匡正天下，齐桓公流亡国外却能称霸诸侯，越王勾践遭受到败于吴王的耻辱，却还能威慑中原各国的贤君。这三个人能成功扬名于天下，都是因为他们在自己的国家能够忍受极大的屈辱。所以说，最好是不失败，其次则是败了却还有办法成功，这才叫善于用人。

吾闻之曰：非无安居也，我无安心也；非无足财也，我无足心也。是故君子自难而易彼，众人自易而难彼。君子进不败其志，内究其情①，虽杂庸民，终无怨心，彼有自信者也。是故为其所难者，必得其所欲焉，未闻为其所欲，而免其所恶者也。

**【注释】**

① 内：当作"衲"，即"退"的意思。

**【译文】**

我听说：不是没有安定的住处，而是我的心不安定；不是没有足够的财物，而是我的心不满足。所以君子严于律己宽于待人，而平庸的人却宽于待己而严于律人。君子对于进取的士人，能够不挫败他的志向，而对于退隐的士人，也要体察他的苦衷，即使贤士中杂有平庸的人，也并无怨悔之心，这是他有自信的缘故。所以，即使做很困难的事，也一定能够达到目的，没听说过想达到自己的愿望，而能回避困难的。

是故偪臣伤君①，谄下伤上。君必有弗弗之臣②，上必有诤诤之下③。分议者延延，而支苟者诤诤④，焉可以长生保国⑤。臣下重其爵位而不言，近臣则喑⑥，远臣则唫⑦，怨结于民心；谄谀在侧，善议障塞，则国危矣。桀、纣不以其无天下之士邪⑧？杀其身而丧天下。故曰：归国宝⑨，不若献贤而进士。

【注释】

①偪：当作"佞"。

②弗：矫正，纠正。

③诤诤（è）：直言争辩的样子。

④支苟：当作"交敬"，即"交儆"，交相儆戒的意思。

⑤焉：这里是"乃"的意思。

⑥喑（yīn）：沉默不语。

⑦唫（yín）：同"吟"，沉吟的意思。

⑧桀、纣：分指夏桀和商纣，分别是夏、商两朝的末代君主，历史上有名的暴君。

⑨归：通"馈"，赠送。

【译文】

因此，佞臣会损伤君主，谄媚的下属也会损伤主上。君主必须有敢于矫正君主过失的大臣，主上一定要有敢于直言的下属。分争的人长时间的议论，相互儆戒的人也直言不讳，就可以长养民生，长保其国。臣下如果过于看重自己的爵位而不敢进谏，君主身边的臣子沉默不言，身处远方的臣子沉吟不语，那么不满的情绪就郁结于民心；谄媚阿谀的人在君主身边，好的建议被阻塞，那么国家就危险了。夏桀和商纣不就是没有任用天下之贤士吗？而遭杀身之祸并丧失了天下。所以说：赠送国宝，不如举荐贤能的人才。

今有五锥，此其铦①，铦者必先挫；有五刀②，此其错③，错者必先靡。是以甘井近竭④，招木近伐⑤，灵龟近灼⑥，神蛇近暴⑦。是故比干之殪⑧，其抗也⑨；孟贲之杀⑩，其勇也；西施之沉⑪，其美也；吴起之裂⑫，其事也。故彼人者，寡不死其所长，故曰：太盛难守也。

**【注释】**

①铦（xiān）：锋利。

②刀：当为"石"。

③错：磨刀石。

④近：当为"先"字。

⑤招木：即乔木，高大的树木。

⑥灵龟近灼：按，古人用烧灼龟甲来占卜吉凶。

⑦神蛇近暴：暴，晒。按，古人常通过曝晒蛇来祈雨。

⑧比干之殪（yì）：比干是商朝贤臣，因为向纣王进谏而被杀。殪，杀死。

⑨抗：正直的意思。

⑩孟贲（bēn）：传说中齐国的大力士。

⑪西施之沉：西施是越国的美女，越王勾践把她献给吴王夫差，来消磨他的意志，最终报仇雪恨。西施的结局传闻异辞，有的说跟随范蠡入五湖隐居，而《吴越春秋·逸篇》则云其被沉于江。而墨子距此事更近，所以记载或更可信。

⑫吴起之裂：吴起是战国时著名政治家、军事家，仕楚改革，后来因得罪权贵被射杀。或曰被车裂而死。

**【译文】**

现在有五把锥子，其中一把最锋利，但最锋利的会最先被用钝；有五块石头，有一个是磨刀石，那么它会最先被磨损。所以说甘甜的井水最先枯竭，高大的树木最先被砍伐，灵异的乌龟最先被烧灼，神奇的长蛇最先被曝晒。所以说比干的死是因为他正直，孟贲被杀是因为他勇武，西施被沉于江是因为她美丽，吴起被车裂是因为他有能力。这些人很少不是死于自己的长处的，所以说：事物达到顶峰就难以持久。

故虽有贤君，不爱无功之臣；虽有慈父，不爱无益之子。是故不胜其任而处其位，非此位之人也；不胜其爵而处其禄，非此禄之主也。良弓难张，然可以及高入深；良马难乘，然可以任重致远；良才难令，然可以致君见尊。是故江河不恶小谷之满己也，故能大。圣人者，事无辞也，物无违也，故能为天下器。是故江河之水，非一源之水也；千镒之裘①，非一狐之白也②。夫恶有同方不取而取同己者乎？盖非兼王之道也。是故天地不昭昭，大水不潦潦，大火不燎燎，王德不尧尧者，乃千人之长也。其直如矢，其平如砥，不足以覆万物。是故谿陕者速涸③，逝浅者速竭，硗埆者其地不育④，王者淳泽，不出宫中，则不能流国矣。

**【注释】**

①镒（yì）：古代黄金的重量单位。

②非一狐之白：古代有集腋成裘的说法，因为狐狸腋下的毛是纯白的颜色，却只是很小的一块，做成一件裘皮衣需要很多这样的皮集合而成。

③陕：同"狭"。

④硗埆（qiāoquè）：指土地坚硬贫瘠的意思。

**【译文】**

所以，虽然有贤明的君主，也不会欣赏没有功劳的大臣；虽然有慈爱的父亲，也不会喜欢没用的儿子。因此，不能胜任却占据着那个职位，他就是不该在这个位子上的人；不胜任他的爵位而拿着这种爵位俸禄的人，就不是这种俸禄的主人。优良的弓难以拉开，但它可以射到最高最深的地方；骏马虽然难以驾驭，但它可以负载重物以达远方；杰出的人难以调遣，但可以让君主受到尊敬。所以长江黄河不嫌弃小溪的水来灌注，就能汇成巨流。被称作圣人的人，不推辞难事，不违背物理，所以能成为治理天下的大人物。因此说，长江黄河的水不是来自于一个源头，价值千金的皮衣也不是一只狐狸腋下的毛所成。怎么会有不用同道的人而只用与自己意思相同的人的道理呢？这可不是兼爱天下之君王的道理。所以天地不夸耀自己的明亮，大水不夸耀自己的清澈，大火不夸耀自己的炎烈，有德之君也不夸耀自己德行的高远，这样才能做众人的领袖。如果心直如箭杆，平板如磨刀石，就不足以覆盖万物。所以狭窄的小溪很快会干涸，太浅的流水很快会枯竭，贫瘠的土地不生五谷，如果君王淳厚的恩泽只局限在宫廷之中，那就不可能泽被全国。

# 修　身

　　本篇承上篇脉络讨论了一个人怎样才能成为贤士的问题，也就是"修身"的问题。所以，"修身"已经不仅是君子的个人修养，其实也关系到一个国家的治乱兴衰。

　　作者首先指出，君子务本，而这个根本就是修身，而且，他强调了"反之身"的修养方法。至于修身都包括什么内容，墨子也提出了很多原则，这些原则直至今天也仍有借鉴意义：如"谮慝之言，无入之耳；批扞之声，无出之口"；"贫则见廉，富则见义"；"务言而缓行，虽辩必不听；多力而伐功，虽劳必不图"等。

　　在谈论根本的时候，作者也顺笔讽刺了儒家的"礼"。在作者看来，丧礼中最根本的应该是"哀"而不是"礼"，如果对于死者没有哀思，再多的繁文缛节也没有用。这也可以看出墨子的通达。

君子战虽有陈<sup>①</sup>，而勇为本焉；丧虽有礼，而哀为本焉；士虽有学<sup>②</sup>，而行为本焉。是故置本不安者<sup>③</sup>，无务丰末；近者不亲，无务来远；亲戚不附，无务外交；事无终始，无务多业；举物而暗<sup>④</sup>，无务博闻。

【注释】

①陈：同"阵"。

②士：同"仕"。

③置：同"植"。

④暗：不明白，不懂得。

【译文】

君子作战虽然布阵，但还是以勇敢为本；办丧事虽有一定的礼仪，但还是以哀痛为本；做官虽讲究才学，但还是以品行为本。所以，根基树立不牢，不要期望有茂盛的枝叶；身旁的人都不能亲近，就不要希望招徕远方的人；亲戚都不归附，就不要对外交际；办一件事都不能善始善终，就不要做很多事；举一个事物尚且不明白，就不要追求见多识广。

是故先王之治天下也，必察迩来远。君子察迩修身也，修身见毁而反之身者也。此以怨省而行修矣<sup>①</sup>。谮慝之言<sup>②</sup>，无入之耳；批扞之声<sup>③</sup>，无出之口；杀伤人之孩<sup>④</sup>，无存之心。虽有诋讦之民<sup>⑤</sup>，无所依矣。故君子力事日强，愿欲日逾<sup>⑥</sup>，设壮日盛<sup>⑦</sup>。

**【注释】**

①此以：吴汝纶认为，《墨子》中的"此以"就是"是以"，从之。

②谮慝（zèntè）之言：诬蔑毁谤的坏话。谮，诋毁，诽谤。慝，邪恶。

③批扞（hàn）之声：指抨击冒犯别人的话。

④杀伤人之孩：当为"杀伤之刻"。

⑤诋讦（dǐjié）：诽谤攻击别人。

⑥逾：通"偷"，即苟且之意。

⑦设壮：当作"敬庄"。

**【译文】**

　　所以古代的君王治理天下，必定是以明察左右来使四方臣服。君子明察左右来提高自己的修养，修养后还遭到别人的诋毁时，会再反省自己。这样就能少些怨言，而自己的品性也得到了提高。对于诬陷与恶毒的话，不要听它；诽谤攻击别人的话，不要说它；伤害别人的刻薄想法，不要放在心里。这样，虽然有专门搬弄是非的人，也就无处可依了。因此，君子努力做事就会日渐强大，安于嗜欲就会日渐苟且，恭敬庄重就会日益繁盛。


　　君子之道也，贫则见廉，富则见义，生则见爱，死则见哀，四行者不可虚假，反之身者也。藏于心者，无以竭爱；动于身者，无以竭恭；出于口者，无以竭驯①。畅之四支②，接之肌肤，华发隳颠③，而犹勿舍者，其唯圣人乎！

【注释】

①驯：雅驯，即典雅的意思。

②支：同"肢"。

③华发隳（huī）颠：形容老年人的样子。华发，即花发。隳颠，即堕颠，秃顶的意思。颠，头顶。

【译文】

君子的处世原则是，贫穷时要廉洁，富贵时要义气，爱护活着的人，哀悼死去的人。这四种行为一定不要虚伪做假，因为这是反求于自身的表现。埋藏于心中的，是无尽的仁爱；表现在行动上的，是无比的谦恭；说出口的，是无比的典雅。这些浸润到他的四肢与肌肤，即使头发花白、头顶变秃都不会放弃的，恐怕只有圣人了吧！

志不强者智不达，言不信者行不果。据财不能以分人者，不足与友；守道不笃，遍物不博①，辩是非不察者，不足与游。本不固者末必几②，雄而不修者③，其后必惰④。原浊者流不清，行不信者名必秏⑤。名不徒生而誉不自长，功成名遂。名誉不可虚假，反之身者也。务言而缓行，虽辩必不听；多力而伐功，虽劳必不图⑥。慧者心辩而不繁说，多力而不伐功，此以名誉扬天下。言无务为多而务为智，无务为文而务为察。故彼智无察⑦，在身而情⑧，反其路者也。善无主于心者不留，行莫辩于身者不立。名不可简而成也，誉不可巧而立也。君子以身戴行者也。思利寻焉，忘名忽焉，可以为士于天下者，未尝有也。

**【注释】**

①遍：当为"别"。

②几：危险。

③雄：当为"先"的意思。

④惰：衰败，堕落。

⑤耗（hào）：同"耗"，败坏的意思。

⑥图：图谋。这里是认可的意思。

⑦彼：当作"非"。

⑧情：当作"惰"，懈怠。

**【译文】**

意志不坚强的人才智也不会通达，说话没有信用的人行动也不会有结果。占据财物而不能分施给别人的，不值得与他交友；不能信守原则，辨别事物不广博，对是非分辨不清楚的人，不值得与他交游。根不牢固的枝叶必然会很危险，开始不修身的人，后来肯定会堕落。源头浑浊的水流不会清澈，行为不守信用的人名声必然会败坏。名声不是凭空产生的，赞誉也不会自己增长，只有成就了功业，名声才会到来。名声与荣誉不能有虚假的成分，因为这是要反求于自身的。只着力于空谈而很少行动的人，即使善于辩论，也没有人听从他；出力很多却爱夸耀功劳的人，虽然辛苦，却没有人认可他。有智慧的人心里明辨却不多说，做得多却不夸耀功劳，所以，他的名声与荣誉才会传扬于天下。话不在多而在于机智，不在华丽而在于明确。

所以没有智慧就不能明察，再加上自身的懈怠，想成功就好像背道而驰一样。一种善行没有内心的支持就不能长久保持，一种行为如果得不到自身的理解就无法树立。名声不会通过傲慢怠惰而获得，荣誉也不会通过机巧的办法建立。君子是以身体力行来达到的。在利益上想得很深远，而对于名却很轻忽就忘掉了，这样做而能成为天下贤士的，从来没有过。

# 所　染

　　染丝是一件再普通不过的事了。但是，在这个思想深远、情感丰富而敏锐的墨家巨子看来，它却呈现出了深刻的哲学内涵。而且，在《淮南子》与《论衡》等典籍的记载里，对这一事实的描述都用了"泣"这样的字。可见，墨子对于染丝这件事所反映出来的人性的易变以及保持其积极变化之难有着多么痛切的感受。所以，在墨子的这声长叹里，不仅飞翔着墨家尚贤的精灵，映照出历史与后世的万千史实，也表现出墨子博大而悲悯的胸怀。

　　全篇由墨子叹染丝而起，接以"非独染丝然也，国亦有染"，便把一件普通的事情上升到哲学高度。作者举了十九组例证，涉及五十七位历史人物，虽然所举稍嫌繁多，但我们看到，其例证是有内在逻辑关系的：先举出了四位圣明的天子，再相对举出四位残暴的天子，接下来列举了春秋时期五位有作为的国君，继而列举了六位春秋时期亡国丧身的国君，于是通过大量的历史事实告诉人们，所染当与不当会给国家造成多么大的影响。至此，全文已经神完气足了，但作者却又一转，提出"非独国有染也，士亦有染"，又从宏观的论述递进到微观的探讨，并列举了六位历史人物来证明。全文最后以《诗》作结，堪称精绝。

　　这样具有严密的逻辑性，且全文层层递进、浑然一体的说理文在墨子以前还很少看到，这也是墨子对中国散文史的贡献。

子墨子见染丝者而叹曰①：染于苍则苍，染于黄则黄。所入者变，其色亦变。五入必②，而已则为五色矣。故染不可不慎也！

**【注释】**

①子墨子：即指墨子。古人称自己的老师时，要在姓氏前加一"子"字。《墨子》一书多是墨家后学所记录，所以称"子墨子"。

②必：通"毕"，全，都。

**【译文】**

墨子看见染丝的人就长叹说：丝被青色一染就成了青色，被黄色一染就成了黄色。放入的颜料变了，丝的颜色也就变了。放入五种颜色，就能染出五色的丝来。所以，对于"染"不能不谨慎啊！

非独染丝然也，国亦有染。舜染于许由、伯阳①，禹染于皋陶、伯益②，汤染于伊尹、仲虺③，武王染于太公、周公④。此四王者，所染当，故王天下，立为天子，功名蔽天地。举天下之仁义显人，必称此四王者。夏桀染于干辛、推哆⑤，殷纣染于崇侯、恶来⑥，厉王染于厉公长父、荣夷终⑦，幽王染于傅公夷、祭公敦⑧。此四王者，所染不当，故国残身死，为天下僇⑨。举天下不义辱人，必称此四王者。

**【注释】**

①舜：上古传说中的圣明君王。许由：尧、舜时代的高士，尧要让天下给他，他却不愿意接受。伯阳：尧、舜时代的贤臣，帮助尧治国。

②禹：夏禹，古时圣君，夏朝的第一个帝王。皋陶（gāoyáo）：与禹同为舜的臣子，又助禹理政。伯益：禹的大臣，曾帮助大禹治水。

③汤：商汤，商朝的第一代贤君。伊尹：汤的得力大臣。仲虺（huǐ）：汤的左相。

④武王：周武王姬发，建立周朝的第一代贤君。太公：即姜太公，是辅佐武王取得天下的重要人物。周公：即周武王的弟弟姬旦，中国历史上有名的贤臣。

⑤干辛：夏桀手下的奸臣。推哆（chǐ）：夏桀的力士。

⑥殷纣：即商纣王。崇侯：即崇侯虎，纣王手下的佞臣。恶来：纣王的力士。

⑦厉王：西周的暴君。厉公长父：周厉王朝中奸臣。荣夷终：厉王的宠臣，曾以利诱惑厉王。

⑧幽王：西周最后的君王。傅公夷：此人于史无考。祭（zhài）公敦：周朝的卿士。

⑨僇：通"戮"。

**【译文】**

不光染丝是这样，国家也会被染。舜被许由、伯阳所染，禹被皋陶、伯益所染，汤被伊尹、仲虺所染，周武王被姜太公、周公旦所染。这四个帝王，受到的熏染是得当的，所以能称王于天下，被立为天子，功业和声名覆盖天地。列举天下以仁义而显要于世的，必定会称颂这四个帝王。夏桀被干辛、推哆所染，殷纣被崇侯虎、恶来所染，周厉王被厉公长父、荣夷终所染，周幽王被傅公夷、祭公敦所染。这四个帝王，接受的熏染不当，所以国亡身死，被天下所诛戮。列举天下不行仁义而自取其辱的人，必定会提到这四个帝王。

齐桓染于管仲、鲍叔①，晋文染于舅犯、郭偃②，楚庄染于孙叔、沈尹③，吴阖闾染于伍员、文义④，越勾践染于范蠡、大夫种⑤。此五君者所染当，故霸诸侯，功名传于后世。范吉射染于长柳朔、王胜⑥，中行寅染于籍秦、高彊⑦，吴夫差染于王孙雒、太宰嚭⑧，知伯摇染于智国、张武⑨，中山尚染于魏义、偃长⑩，宋康染于唐鞅、佃不礼⑪。此六君者所染不当，故国家残亡，身为刑戮，宗庙破灭，绝无后类，君臣离散，民人流亡，举天下之贪暴苛扰者，必称此六君也。凡君之所以安者，何也？以其行理也，行理生于染当。故善为君者，劳于论人，而佚于治官。不能为君者，伤形费神，愁心劳意，然国逾危，身逾辱。此六君者，非不重其国爱其身也，以不知要故也。不知要者，所染不当也。

**【注释】**

①管仲：是齐桓公能够称霸于诸侯的主要谋划者。鲍叔：即鲍叔牙，齐桓公的贤臣，是他推荐了管仲。

②舅犯：即子犯，晋文公的舅舅，曾跟随他出逃并辅佐他回国为君，治国称霸。郭偃：即卜偃，晋国大夫。

③楚庄：即楚庄王，春秋五霸之一。孙叔：即孙叔敖，楚国有名的贤相。沈尹：即沈尹茎，曾向楚庄王推荐孙叔敖。

④阖闾（hélú）：吴国有名的国君，春秋五霸之一。伍员（yún）：即伍子胥，曾辅佐阖闾及其子夫差，是有名的忠臣。文义：阖闾曾尊其为师。

⑤范蠡：越王勾践的大臣，曾助越王打败吴国。大夫种：即文种，也是辅佐勾践的大臣。

⑥范吉射：春秋后期晋国范氏的首领，后被灭。长柳朔、王胜：二人皆是范吉射的家臣。

⑦中行寅：春秋后期晋国中行氏的首领，后被灭。籍秦、高彊：二人皆中行寅的家臣。

⑧夫差：吴国国君，因为穷兵黩武，不纳忠言，被越王勾践所灭。王孙雒（luò）：吴国大臣。太宰嚭（pǐ）：即伯嚭，吴国的太宰，正是他收了贿赂而同意与越国讲和，才给了越国复仇的机会。

⑨知伯摇：即智襄子，春秋后期晋国智氏的首领，曾掌晋国大权，后被韩、赵、魏三家所灭。智国：即智伯国，智氏家族的人。张武：即长武子，智襄子的家臣，他导致了智氏的灭亡。

⑩中山尚：春秋时期鲜虞人所建立的中山国国君。魏义、偃长：都当是中山尚的臣子，但事迹不可考。

⑪宋康：春秋时宋国末代国君，后被齐国所灭。唐鞅：
宋康王的相，让康王滥杀无辜，后来自己也被康王
所杀。佃不礼：宋国臣子。

【译文】

齐桓公被管仲、鲍叔牙所染，晋文公被他的舅舅子犯和卜偃所染，楚庄王被孙叔敖与沈尹茎所染，吴王阖闾为伍子胥、文义所染，越王勾践为范蠡、文种所染。这五个国君，受到的熏染是得当的，所以能称霸诸侯，功业和声名流传后世。范吉射被长柳朔与王胜所染，中行寅被籍秦、高彊所染，吴王夫差被王孙雒和太宰嚭所染，智襄子被智伯国和长武子所染，中山尚被魏义与偃长所染。这六个君长，所受到的熏染不得当，所以国家败亡，自身也遭到杀戮，祖宗的基业破灭，也没有了后代，君臣分离失散，百姓流离失所。列举天下贪婪残暴并以苛政扰民的人，必然要提到这六个君长。大凡君主之所以能使国家安定的原因是什么呢？是因为他们行事合理，行事合理来自于受到的熏染得当。所以善于当君主的人，都会劳心费力地选拔人才，而可以轻松管理官吏。不善于当君主的人，虽然身体劳累，费尽精神，心烦意乱，但国家却更加危险，自己也更受屈辱。这六个国君，并不是不重视他的国家、不爱惜自己，而是不知道要领的缘故。所谓不知道要领，就是受到的熏染不得当。


非独国有染也，士亦有染。其友皆好仁义，淳谨畏令，则家日益、身日安、名日荣，处官得其理

矣。则段干木、禽子、傅说之徒是也①。其友皆好矜奋②，创作比周③，则家日损、身日危、名日辱，处官失其理矣。则子西、易牙、竖刁之徒是也④。《诗》曰"必择所堪，必谨所堪"者⑤，此之谓也。

**【注释】**

①段干木：子夏的学生，以品行高洁著称。禽子：即禽滑釐，墨子最有名的弟子。傅说：本是在傅岩筑墙的奴隶，因有才能被商王武丁任命为相。

②矜奋：狂妄，骄傲自负。

③创作比周：胡作非为而又营私结党。创作，即胡作非为。比周，即结党。

④子西：即楚国令尹公子申，他不听劝告任用白公胜，后来白公胜叛乱时，他反而被杀。易牙、竖刁：都是齐桓公的幸臣，桓公死后便作乱。

⑤堪：当为"湛（jiān）"，通"渐"，即渍、染的意思。

**【译文】**

不只是国家有染的问题，对士而言也有受人熏染的问题。如果他的朋友都崇尚仁义，淳厚谨慎，恪守法令，那么他的家族就会日渐兴旺，自身也日渐安然，名声日渐荣耀，在他的官位上也能办事得当。如段干木、禽子、傅说就是这样的人。如果他的朋友都妄自尊大，胡作非为而又营私结党，那么他的家族就会日渐损耗，自身也慢慢走向危险，声名也日渐降低，在他的官位上办事也就没有理路。如子西、易牙、竖刁就是这样的人。《诗经》上说"必须选择所使用的染料，必须谨慎地来浸染"，就是这个意思。

# 法　仪

　　法仪就是指法度。墨子认为，做任何事情，都要有法度。他先从百工的实践谈起，娓娓道来，以百工尚且有法来反衬治国无法之谬。此后，墨子又进一步讨论了应该以什么为法的问题。在墨子看来，父母、老师、国君三者都是有缺点的，都谈不上仁爱，所以不可以当作效法的对象。那么到底以什么为法呢？墨子提出了"法天"的命题。而且，墨子进一步认为，天是兼爱的，所以以天为法也要兼爱，并用了极为严密的逻辑推理来论证天的确是兼爱的，这便与其兼爱之说潜脉暗通，交相为证了。最后，作者还举出了历代帝王的不同结果来佐证，使得论证无懈可击。结尾两句看似平淡，但以慨叹的语调出之，却表现出作者对历史上作恶而得祸者的遗憾与对今天不知借鉴而仍在作恶者的痛惜。

子墨子曰：天下从事者，不可以无法仪。无法仪而其事能成者，无有也。虽至士之为将相者，皆有法；虽至百工从事者<sup>①</sup>，亦皆有法。百工为方以矩，为圆以规，直以绳，正以县<sup>②</sup>。无巧工不巧工，皆以此五者为法<sup>③</sup>。巧者能中之，不巧者虽不能中，放依以从事<sup>④</sup>，犹逾己。故百工从事，皆有法所度<sup>⑤</sup>。今大者治天下，其次治大国，而无法所度，此不若百工辩也<sup>⑥</sup>。

【注释】

①百工：从事各种行业的工匠。

②县（xuán）：挂，即用悬垂的方法来测是否垂直于地面。

③五者：文中只提了四种，据《考工记》，应该还有"平以水"一种。

④放依：仿效。放，仿效，模仿。

⑤所：意为"可"。

⑥辩：聪明。

【译文】

墨子说：全天下做事情的人，都不能没有法度。没有法度而能把事情做成功的人，是没有的。即使很高明的士人做了将相，也都有法度；即使最灵巧的百工干活，也都有法度。百工用矩来画方形，用规来画圆形，用墨绳来画直线，用悬垂的方法来测偏正。无论灵巧的工匠还是不灵巧的工匠，都以这五种方法作为法度。灵巧的工匠能做得非常合适，不灵巧的人虽然不能做得这么合适，但仿效着这个法度来做，还是会超过自以为是去做的。所以说百工干事，都有法规可以遵循。现在大到治理天下，其次治理大国，却没有法度来遵循，这就是还不如百工聪明了。

　　然则奚以为治法而可？当皆法其父母奚若<sup>①</sup>？天下之为父母者众，而仁者寡，若皆法其父母，此法不仁也。法不仁，不可以为法。当皆法其学奚若<sup>②</sup>？天下之为学者众，而仁者寡，若皆法其学，此法不仁也。法不仁，不可以为法。当皆法其君奚若？天下之为君者众，而仁者寡，若皆法其君，此法不仁也。法不仁，不可以为法。故父母、学、君三者，莫可以为治法。

【注释】

①当：相当于"傥"，倘若。下同。奚若：怎么样。

②学：指老师。

【译文】

　　那么，以什么为做事的法度才行呢？倘若都效法父母会怎么样呢？天下做父母的很多，但是仁爱的很少，如果都效法自己的父母，就是效法不仁爱的人。效法不仁爱的人，是不可以作为法度的。如果都效法自己的老师会怎么样呢？天下做老师的很多，但是仁爱的很少，如果都效法自己的老师，就是效法不仁爱的人。效法不仁爱的人，是不可以作为法度的。如果都效法自己的国君会怎么样呢？

天下做国君的人很多，但是仁爱的很少，如果都效法自己的国君，就是效法不仁爱的人。效法不仁爱的人，是不可以作为法度的。所以，父母、老师、国君三者，都不能当作做事的法度。

然则奚以为治法而可？故曰：莫若法天。天之行广而无私①，其施厚而不德，其明久而不衰，故圣王法之。既以天为法，动作有为，必度于天。天之所欲则为之，天所不欲则止。然而天何欲何恶者也？天必欲人之相爱相利，而不欲人之相恶相贼也。奚以知天之欲人之相爱相利，而不欲人之相恶相贼也？以其兼而爱之、兼而利之也。奚以知天兼而爱之、兼而利之也？以其兼而有之、兼而食之也。今天下无大小国，皆天之邑也。人无幼长贵贱，皆天之臣也。此以莫不犓牛羊、豢犬猪②，絜为酒醴粢盛③，以敬事天，此不为兼而有之、兼而食之邪？天苟兼而有食之，夫奚说以不欲人之相爱相利也？故曰：爱人利人者，天必福之；恶人贼人者，天必祸之。曰：杀不辜者，得不祥焉。夫奚说人为其相杀而天与祸乎④？是以知天欲人相爱相利，而不欲人相恶相贼也。

**【注释】**

① 行：道的意思。

② 犓（chú）牛羊：饲养牛羊。原文脱"牛"字，据

《墨子·天志上》补。豢（huàn）：养。

③絜：通"洁"。酒醴粢（zī）盛（chéng）：代指祭品。粢，祭祀用的谷物。盛，放在祭器中的祭品。

④天与祸：当作"天不与祸"。

**【译文】**

那么，以什么为做事的法度才行呢？可以说，不如效法天。天道博大而无私，它施恩深厚却不自以为有德，它永久光明永不衰竭，所以圣明的君王都效法它。既然把天作为法度，一举一动，都必须用天理来衡量。天希望做的就做，天不希望做的就停止。但是天喜欢什么厌恶什么呢？天肯定希望人们互相关爱互相帮助，而不希望人们互相憎恶互相残害。怎么知道天希望人们互相关爱互相帮助，而不希望人们互相憎恶互相残害呢？因为天对天下所有的人都关爱，对所有的人都帮助。怎么知道天对所有的人都关爱，对所有的人都帮助呢？因为天容纳了所有的人，供养了所有的人。现在天下不论大国还是小国，都是天的领地；人不论老少贵贱，都是天的臣民。所以没有人不饲牛羊、喂猪狗，把美酒和供品收拾干净，恭敬地献给上天，这难道不是天容纳所有的人、供养所有的人吗？天既然容纳和供养了所有的人，怎么能说不希望人们互相关爱互相帮助呢？所以说：关爱别人、帮助别人的人，天必定会赐福给他；憎恶别人、残害别人的人，天必定会降祸给他。因此说：杀害无辜的人，会得到不祥的后果。谁说有人互相残杀天不降灾祸给他呢？因此可以知道，天是希望人们互相关爱互相帮助，而不希望人们互相憎恶互相残害的。

　　昔之圣王禹、汤、文、武①，兼爱天下之百姓，率以尊天事鬼，其利人多，故天福之，使立为天子，天下诸侯皆宾事之②。暴王桀、纣、幽、厉③，兼恶天下之百姓，率以诟天侮鬼，其贼人多，故天祸之，使遂失其国家，身死为僇于天下，后世子孙毁之，至今不息。故为不善以得祸者，桀、纣、幽、厉是也；爱人利人以得福者，禹、汤、文、武是也。爱人利人以得福者有矣，恶人贼人以得祸者亦有矣。

**【注释】**

①禹、汤、文、武：夏禹、商汤、周文王、周武王，是夏商周三代的开国贤君。

②宾：尊敬。

③桀、纣、幽、厉：夏桀、商纣、周幽王、周厉王，是夏商周三代的暴君。

**【译文】**

　　古代的圣王夏禹、商汤、周文王、周武王，关爱天下所有的百姓，带头尊敬上天、敬事鬼神，他们给人的利益多，所以天赐福给他们，让他们成为天子，天下的诸侯也都恭敬地服事他们。残暴的君主夏桀、商纣、周幽王、周厉王，憎恶天下所有的百姓，并带头咒骂上天、侮辱鬼神，他们残害的人多，所以上天降灾祸给他们，让他们丧失了自己的国家，遭到杀身之祸还被天下人所辱骂，后世的子孙也诅咒他们，到现在还没有停止。所以，做不好的事情因而得到灾祸的，夏桀、商纣、周幽王、周厉王就是例子；而关爱别人帮助别人因而得福的，夏禹、商汤、周文王、周武王就是例子。关爱别人帮助别人因而得福的人有，而憎恶别人残害别人因而得祸的人也有啊！

# 七　患

　　"七患"指治理国家时的七种隐患，墨子归纳出的这七种隐患大到与邻国的关系，小到君臣之间的关系，概括了君主应该警惕的方方面面。在列举了七患之后，作者的笔锋却突然一转，谈论起"五谷"来，这只是第七患中的一部分，却是最重要的一部分。在对此的详尽论述中，作者指出，要消除七患，国家就必须有"备"，无论是心理上与策略上的防备还是物资上的储备，都要重视。而由于粮食是一个国家的根本，所以，对于粮食的储备就更应当重视，这其实也是农业文明的一个典型表现。

　　吴汝纶认为，这篇文章应该是两篇，一为"七患"，一为"国备"，其实他没有看到，后边大段论述"备"其实用意在于教人严密为"备"，以防"患"于未然，逻辑上仍是清晰严密的。

子墨子曰：国有七患。七患者何？城郭沟池不可守，而治宫室，一患也。边国至境，四邻莫救，二患也。先尽民力无用之功①，赏赐无能之人，民力尽于无用，财宝虚于待客，三患也。仕者持禄，游者忧反②，君修法讨臣，臣慑而不敢拂，四患也。君自以为圣智，而不问事③，自以为安强，而无守备，四邻谋之不知戒，五患也。所信者不忠，所忠者不信，六患也。畜种菽粟不足以食之④，大臣不足以事之，赏赐不能喜，诛罚不能威，七患也。以七患居国，必无社稷。以七患守城，敌至国倾。七患之所当，国必有殃。

**【注释】**

①民力：此二字为衍文，当删。

②忧反：当为"优交"。

③事：当为"吏"字之形误。

④畜：储存，积蓄。

**【译文】**

墨子说：国家有七种隐患。这七种隐患是什么呢？内城、外城及壕沟等工事不足以防守，却大力修筑宫室，这是第一种隐患。如果边远的国家打到了自己的国境，而邻国却都不肯援救，这是第二种隐患。先大做没什么用处的事，又赏赐没什么能力的人，民力都耗在这些没用的事上，财宝也都用在接待这些无能的人上，这是第三种隐患。做官的只顾保持自己的俸禄，游学未仕的人只顾优待自己的知交，国君立严苛的法令来统治臣子，大臣畏惧而不敢矫正国君，这是第四种隐患。国君自以为神圣聪明，而不去咨询官吏，自以为国家安定而强大，而不注重防守，周围的邻国图谋侵略他却不知道戒备，这是第五种隐患。信任的人并不忠诚，忠诚的人却得不到信任，这是第六种隐患。储存和种植的粮食不够吃，大臣不能胜任国事，赏赐并不能让人欢喜，责罚也不能让人畏惧，这是第七种隐患。带着这七种隐患治国，国家肯定会灭亡。带着这七种隐患来守城，敌人一到国家就会倾覆。七种隐患到哪里，哪里的国家必会遭殃。

凡五谷者，民之所仰也，君之所以为养也。故民无仰，则君无养。民无食，则不可事。故食不可不务也，地不可不力也，用不可不节也。五谷尽收，则五味尽御于主；不尽收则不尽御。一谷不收谓之馑，二谷不收谓之旱，三谷不收谓之凶，四谷不收谓之匮，五谷不收谓之饥。岁馑，则仕者大夫以下皆损禄五分之一。旱，则损五分之二。凶，则损五分之三。匮，则损五分之四。饥，则尽无禄，禀食而已矣①。故凶饥存乎国，人君彻鼎食五分之三，大夫彻县②，士不入学，君朝之衣不革制，诸侯之客，四邻之使，雍食而不盛③，彻骖騑④，涂不芸⑤，马不食粟，婢妾不衣帛，此告不足之至也。

①禀食：赐给粮食吃。禀，赐给人谷物。

②县（xuán）：指悬挂的乐器。

③雍食：即饔飧（yōngsūn），招待外国使节到达时的宴礼。

④骖騑（cānfēi）：古代用四匹马拉一辆车，中间两匹叫做"服"，两边的叫"騑"，也叫"骖"。

⑤涂不芸：不修整道路。涂，道路。芸，通"耘"，清除杂草的意思。

【译文】

五谷，是人民所赖以生存，也是国君用来牧养百姓的东西。如果百姓没有了这个依赖，那么国君也就无以牧养百姓。百姓如果没有粮食，就不能供君主役使。所以，粮食不可不努力生产，土地不可不努力耕种，用度不可不力行节俭。五谷都丰收了，那么五味就可以都让国君吃到；如果不是全部丰收，就不能全部吃到。一种谷物没有收获叫做"馑"，两种谷物没有收获叫做"旱"，三种谷物没有收获叫做"凶"，四种谷物没有收获叫做"匮"，五种谷物没有收获叫做"饥"。遇到"馑"年，做官的自大夫以下都减去俸禄的五分之一。遇到"旱"年，就减五分之二。遇到"凶"年，就减五分之三。遇到"匮"年，就减五分之四。遇到"饥"年，就全都没有俸禄，靠官府赐给的粮食了。所以，若国家遇到凶饥之年，君主要撤去鼎食的五分之三，大夫撤去悬挂的乐器，读书人停止入学，国君上朝的衣服不再做新的，对诸侯派来的宾客，周边邻国的使节，招待的礼宴不铺张，将车驾两侧的马撤去，道路不特意修整，马不吃粮食，使女不穿丝织的衣服，这些都表示国家的匮乏已经到了极点。

今有负其子而汲者，队其子于井中<sup>①</sup>，其母必从而道之<sup>②</sup>。今岁凶、民饥、道饿<sup>③</sup>，重其子此疚于队<sup>④</sup>，其可无察邪？故时年岁善，则民仁且良；时年岁凶，则民吝且恶。夫民何常此之有？为者寡，食者众，则岁无丰。故曰：财不足则反之时，食不足则反之用。故先民以时生财，固本而用财<sup>⑤</sup>，则财足。

【注释】

①队：同"坠"。

②道：同"导"。

③饿：当为"馑"，即"殣"，饿死的意思。

④重其子此疚于队：当作"此疚重于队其子"。

⑤用财：当作"节用"。

【译文】

现在如果有一个人背着孩子去井边汲水，不小心把孩子掉进井里，孩子的母亲一定会赶快拉他上来。如今年成大欠、百姓饥饿、路上有饿死的人，这种痛苦要比把孩子掉进井里更重，难道可以忽视吗？所以，在收成好的年头，百姓就仁义善良；遇到荒年，那么百姓也会吝啬而凶恶。百姓的性情哪里能长久不变呢？生产的人少，而吃的人多，那也就不可能有丰收的年头。所以说：财物不足就反省是否重视农时，食物不足就反省是否节省用度。所以从前的贤君按照农时来生财，巩固根本并节约用度，财物自然就丰足了。

故虽上世之圣王，岂能使五谷常收，而旱水不至哉！然而无冻饿之民者，何也？其力时急，而自养俭也。故《夏书》曰"禹七年水"，《殷书》曰"汤五年旱"①，此其离凶饥甚矣②，然而民不冻饿者，何也？其生财密，其用之节也。故仓无备粟，不可以待凶饥；库无备兵，虽有义，不能征无义；城郭不备完，不可以自守；心无备虑，不可以应卒③。是若庆忌无去之心④，不能轻出。夫桀无待汤之备，故放⑤；纣无待武王之备，故杀⑥。桀、纣贵为天子，富有天下，然而皆灭亡于百里之君者，何也？有富贵而不为备也。故备者，国之重也；食者，国之宝也；兵者，国之爪也；城者，所以自守也，此三者，国之具也。

**【注释】**

① "故《夏书》曰"二句：《夏书》、《殷书》，指夏、商两朝记录文诰的典籍。

② 离：同"罹"。饥：原作"饿"。

③ 卒：同"猝"。

④ 庆忌：春秋时期吴王僚的儿子，吴王阖闾杀吴王僚

而夺取政权后，怕在卫国的庆忌会讨伐他，便派刺客要离投奔庆忌并骗取了信任，并把庆忌骗出卫国后刺死了他。

⑤放：据说夏桀被商汤打败后，被流放到南方的南巢。

⑥杀：据说商纣兵败后自杀于鹿台。

**【译文】**

所以，即使是上古的圣王，哪能使五谷常获丰收，而且旱灾水灾从不降临呢！但是那里没有受冻挨饿的人，这是为什么呢？因为他们努力按农时耕种，而且自己的用度也很节俭。所以《夏书》记载说"大禹时有七年的水灾"，《殷书》记载说"商汤时有五年的旱灾"，这时他们遭到的饥荒极为严重，然而百姓却不受冻挨饿，为什么呢？因为他们生产的财物很多，而使用起来却很节俭。所以粮仓里没有储备的粮食，就不能应付饥荒；武库里没有准备好的兵器，即使是正义之师也不能征伐不义的军队；城郭的防备若不完善，就无法守卫；心中没有长远的思虑，就不能应付猝然的变故。就好像庆忌没有离开卫国的心思，就不会轻易出境而被杀。夏桀没有对付商汤的准备，所以被流放；商纣没有对付周武王的准备，所以被杀。夏桀和商纣贵为天子，富有天下，却都被方圆仅百里那么大的小国之君灭亡了，这是为什么呢？因为他们虽然富贵却不作防备。所以，储备，是国家最重要的事；粮食，是国家的宝物；武器，是国家的利爪；城池，是守卫国家的屏障，这三者都是保护国家的工具。

故曰以其极役修其城郭，则民劳而不伤；以其常正收其租税，则民费而不病。民所苦者非此也，苦于厚作敛于百姓①，赏以赐无功，虚其府库，以备车马衣裘奇怪。苦其役徒，以治宫室观乐，死又厚为棺椁，多为衣裘②。生时治台榭，死又修坟墓，故民苦于外，府库单于内③。上不厌其乐，下不堪其苦。故国离寇敌则伤，民见凶饥则亡，此皆备不具之罪也。且夫食者，圣人之所宝也。故《周书》曰④："国无三年之食者，国非其国也。家无三年之食者，子非其子也。"此之谓国备。

**【译文】**

　　所以说按正常的劳役去修城郭，百姓虽然劳累却不伤民力；按正常的征税标准去收取租税，百姓虽然破费却不至于困苦。老百姓所感到痛苦的并不是这些，而是苦于对百姓的横征暴敛，用最高的奖赏，赐给没有功劳的人，耗空国库，来制备车马衣裘、奇珍异宝。使服役的人受苦，来建造宫殿以供观赏享乐，死的时候要做很厚的棺椁，做很多陪葬的衣物与被褥。活着的时候修建楼台亭榭，死了又大修坟墓，所以在外则百姓受苦，在内则国库耗尽。上面的君主还不满足于自己的享乐，而下边的百姓却已不堪其苦。因此国家一旦遭受到敌国入侵就会败伤，百姓一旦遇到饥荒就会流亡，这都是储备做得不好的罪过。再说了，粮食是圣人所珍视的。所以《周书》上说："国家若没有三年的粮食储备，这个国家就不再是这个君主的国家了。家庭没有三年的粮食储备，家里的孩子也将不再是这个家庭的孩子了。"这就是所谓的"国备"。

# 辞　过

　　"辞过"的意思是杜绝在宫室、衣服、饮食、舟车、蓄私五个方面所可能出现的过分的现象，这当然也是墨子节用思想的表现。但是在墨子的论述中，有两点值得注意：一是在每一段的论证中，作者都反复以古之圣王与今之君主作对比，对当时统治阶层穷奢极侈的现象提出严厉的批评，由此可见作者对当时社会现实的不满与他敢于直言的胆略；二是从字里行间我们也可以感受到墨子朴素而实用的人生态度与社会理想。

　　整篇文章分论五个方面，每个方面的结构均一致，甚至一些关键语句都一样，这体现了墨子文章为了说理透辟而不嫌词费、反复申述的特点；另一方面也使得文章气势充沛，如江河直下，极具雄辩力。

　　子墨子曰：古之民未知为宫室时，就陵阜而居①，穴而处。下润湿伤民，故圣王作，为宫室。为宫室之法，曰：室高足以辟润湿②，边足以圉风寒③，上足以待雪霜雨露，宫墙之高足以别男女之礼，谨此则止。凡费财劳力不加利者，不为也。是故圣王作为宫室便于生，不以为观乐也。故节于身，诲于民，是以天下之民可得而治，财用可得而足。当今之主，其为宫室则与此异矣。必厚作敛于百姓，暴夺民衣食之财，以为宫室台榭曲直之望、青黄刻镂之饰。为宫室若此，故左右皆法象之。是以其财不足以待凶饥，振孤寡④，故国贫而民难治也。君实欲天下之治而恶其乱也，当为宫室⑤，不可不节。

**【注释】**

①就陵阜：依傍山冈。就，凭借。

②辟：躲避。

③圉：抵御。

④振：救治，赈济。

⑤当：相当于"倘"。

**【译文】**

　　墨子说：上古的人民还不会建造宫室房屋时，依靠着山冈居住，或住在洞里边。地下潮湿对人有害，所以圣王出来，创建了宫室房屋。建造宫室房屋的原则是：地基的高度足以避开潮湿，四面的墙壁足以抵挡风寒，上面的屋顶足以挡住雪霜雨露，墙壁的高度足以使男女依礼而分隔开来，这样就行了。凡是劳民伤财却没有更多好处的事，就不要再做了。所以圣王建造宫室是为了便利人民的生活，并不是为了观赏和享乐。因此帝王自己要节俭，并教导人民，这样天下的百姓就听从他的治理，财物费用也能够充足。现在的君主，他们建造宫室却与此不同。他们必定要对百姓横征暴敛，粗暴地夺取人民的衣食之资，来增加宫室台榭那曲折回环的观赏性、雕梁画栋的装饰性。在建造宫室方面就是这样，所以他的属下都效法他。所以国家的钱财不足以来应付饥荒，救济孤儿寡妇，这样，国家就贫困，百姓也就难于治理。国君若真的希望天下太平而不希望天下大乱的话，倘若要建造宫室，就不能不节俭。

古之民未知为衣服时，衣皮带茭[①]，冬则不轻而温，夏则不轻而清[②]。圣王以为不中人之情，故作，诲妇人治丝麻，梱布绢[③]，以为民衣。为衣服之法：冬则练帛之中[④]，足以为轻且暖；夏则绤绤之中[⑤]，足以为轻且清。谨此则止。故圣人之作为衣服带履，便于身，不以为辟怪也[⑥]。为衣服，适身体，和肌肤而足矣，非荣耳目而观愚民也。故民衣食之财，家足以待旱水凶饥者，何也？得其所以自养之情，而不感于外也。是以其民俭而易治，其君用财节而易赡也。府库实满，足以待不然；兵革不顿，士民不劳，足以征不服，故霸王之业可行于天下矣。当今之主，其为衣服，则与此异矣。冬则轻暖，夏则轻清，皆已具矣。必厚作敛于百姓，暴夺民衣食之财，以为锦绣文采靡曼之衣<sup>⑦</sup>，铸金以为钩，珠玉以为佩，女工作文采，男工作刻镂，以为身服。此非云益暖之情也<sup>⑧</sup>，单财劳力，毕归之于无用也。以此观之，其为衣服，非为身体，皆为观好。是以其民淫僻而难治，其君奢侈而难谏也。夫以奢侈之君御好淫僻之民，欲国无乱不可得也。君实欲天下之治而恶其乱，当为衣服，不可不节。

【注释】

①茭（jiāo）：草绳。

②清（qìng）：凉爽。

③棞（kǔn）：捆束。这里是编织的意思。

④中：指中衣，即内衣。

⑤绤绤（chīxì）：葛布。绤，指细葛布。绤，指粗葛布。

⑥"作……辟怪也"十五字：原在上段"故节于身"之前，依文义移此。

⑦靡曼：华美，华丽。

⑧暖之情：当作"暖清"。

【译文】

上古的百姓还不知道做衣服时，披着兽皮，用草绳当腰带，冬天不轻软也不温暖，夏天不轻巧也不凉爽。圣王认为这不适合人之常情，因此出来，教妇女们整治丝麻，纺织布匹，来作为人们的衣服。制作衣服的原则是：冬天用素色的帛做内衣，完全可以达到轻软温暖的目的；夏天用葛布做内衣，完全能达到轻巧凉爽的目的。这样就行了。所以圣人出现，制作衣服、腰带和鞋子，是为了便于保护身体，不是为了着装怪异。做衣服，只要与身体合适，使肌肤舒适就足够了，并不是让人观赏，听人赞叹来愚弄人民的。所以人民用于衣食的财物，家家都足够应付旱灾水灾的变故，这是为什么呢？因为他们懂得了自己生存的情况，而不为外界动心。所以，那时的人民节俭而容易治理，那时的君王用度有节制而容易供养。国家的仓库充实，就足以应付突然的变故；兵甲不损坏，军士和人民不疲劳，就足以征伐不顺服的地方，所以可以在天下实现帝王的霸业。当今的君主，他们做衣服与此不同。冬天轻软温暖，夏天轻巧凉爽，这些都具备了。却还定要对老百姓横征暴敛，粗暴地夺取人民的衣食之资，用来做锦绣华美、文采斐然的精致衣物，用黄金做钩子，用珠玉做佩饰，妇女精工地绣制花纹，男子精工地雕刻图案，作为国君身上的服饰。这并不有益于温暖和凉爽，伤财劳民，最后却都归之于无用之事。以此来看，他们做衣服，不是为了身体，而是为了好看。所以他们的人民也都奢侈怪僻而且难以治理，这些国君也都奢侈而难以劝谏。以这样奢侈的国君，去统治那些爱好奢侈的臣民，想要国家不动乱，是不可能的。国君若真的希望天下太平而不希望天下大乱的话，如果做衣服，就不能不节俭。

古之民未知为饮食时，素食而分处。故圣人作，诲男耕稼树艺，以为民食。其为食也，足以增气充虚，强体适腹而已矣。故其用财节，其自养俭，民富国治。今则不然，厚作敛于百姓，以为美食刍豢，蒸炙鱼鳖。大国累百器，小国累十器，前方丈，目不能遍视，手不能遍操，口不能遍味，冬则冻冰，夏则饰馈①。人君为饮食如此，故左右象之。是以富贵者奢侈，孤寡者冻馁。虽欲无乱，不可得也。君实欲天下治而恶其乱，当为食饮，不可不节。

**【注释】**

①饰馈（yì）：当为"餲（ài）馈"，指食品变质。

**【译文】**

上古的人民在不知道烹调食物时，都吃素食，且分开居住。所以圣人出现，教男子耕耘种植，用来作为人们的食物。他们所做的食物，完全是为了增补元气填充空腹，强健身体并且适合于人的肠胃罢了。所以他们用财物很节制，自己的生活也很俭朴，因而人民富足国家太平。现在的情况却不是这样，对老百姓横征暴敛，用来享受美味的牛羊，蒸烤的鱼鳖。大国国君的席上有上百个菜盘，小国国君的席上也有十几个菜盘，摆满前边一丈见方的地方，眼睛不能看遍，手不能拿遍，嘴不能尝遍，冬天冻成了冰，夏天则都变馊。君主对饮食这样讲究，属下都效法他。所以富贵的人极其奢侈，而孤儿寡妇却受冻挨饿。虽然想天下不乱，也不可能。国君若真的希望天下太平而不希望天下大乱的话，如果要吃喝，就不能不节俭。

古之民未知为舟车时，重任不移，远道不至。故圣王作，为舟车，以便民之事。其为舟车也，全固轻利①，可以任重致远。其为用财少而为利多，是以民乐而利之。法令不急而行，民不劳而上足用，故民归之。当是之时，坚车良马不知贵也，刻镂文采不知喜也。何则？其所道之然②。当今之主，其为舟车与此异矣。全固轻利皆已具，必厚作敛于百姓，以饰舟车。饰车以文采，饰舟以刻镂。女子废其纺织而修文采，故民寒；男子离其耕稼而修刻镂，故民饥。人君为舟车若此，故左右象之，是以其民饥寒并至，故为奸邪。奸邪多则刑罚深，刑罚深则国乱。君实欲天下之治而恶其乱，当为舟车，不可不节。

**【注释】**

① 全：即完。

② "当是之时"至"所道之然"二十七字：原在"古之民未知为衣服时"一段的"故民衣食之财"上，现移正于此。道，引导。

**【译文】**

　　上古的百姓在不知道有船和车的时候，重的东西无法搬运，远的地方不能去。所以圣王出现，制造船和车，用来方便人民做事。他们做船车，讲究完整坚固、轻捷便利，可以运载重物到达远方。因为花费钱财少得到的利益多，所以百姓喜欢并且觉得很便利。法令不用催促也能实行，百姓不辛苦而君主财用充足，所以人民都归顺他。在那个时候，对于坚固的车和优良的马，人们并不知道它贵重，车上有华丽的雕饰，人们也不觉得高兴。为什么？因为君主引导的缘故。当今的君主制作船车就与这不同了。完整坚固、轻捷便利都已经具备了，必定还要对百姓横征暴敛，用来装饰船车。给车装饰上华丽的花纹，给船装饰上雕刻的图案。女子放下了纺织来描绘花纹，所以百姓就要受冻；男子丢下了耕作来雕刻图案，所以百姓就要挨饿。君主这样来造船车，所以属下都效法他，因此他的人民就会饥寒交迫，不得不做奸邪的事。奸邪的事情一多，刑罚就重，刑罚一重，国家就混乱。国君若真的希望天下太平而不希望天下大乱的话，如果要做车船，就不能不节俭。

凡回于天地之间①，包于四海之内，天壤之情，阴阳之和，莫不有也，虽至圣不能更也。何以知其然？圣人有传：天地也，则曰上下；四时也，则曰阴阳；人情也，则曰男女；禽兽也，则曰牡牝雄雌也②。真天壤之情，虽有先王，不能更也。虽上世至圣，必蓄私，不以伤行，故民无怨。宫无拘女，故天下无寡夫。内无拘女，外无寡夫，故天下之民众。当今之君，其蓄私也，大国拘女累千，小国累百。是以天下之男多寡无妻，女多拘无夫。男女失时，故民少。君实欲民之众而恶其寡，当蓄私，不可不节。

**【译文】**

所有活动于天地之间，包容于四海之内的事物，天地间的情感，阴阳的调和，没有一样不是原本就有的，即使是最圣明的人也不能改变。怎么知道是这样的呢？圣人有遗训说：天地要分上下，四季要分阴阳，人性要分男女，禽兽要分牡牝雄雌。真正的天地间的情感，即使有古代的圣王，也不能更改。即使古代最高的圣人，必然也蓄养姬妾，却不因此而损伤品行，所以人民没有怨言。宫中没有拘禁的女子，天下就没有鳏夫。如果宫里没有受拘禁的女子，外边没有鳏夫的话，那么天下的人口就会多起来。现在的君主，他们养起姬妾来，大国拘禁女子上千，小国拘禁女子上百。所以天下的男子多鳏居而没有妻子，天下的女子多被拘禁而没有丈夫。男女失去了婚配的时机，因而人口减少。国君若真的希望人民众多而不希望人民减少的话，如果要蓄养姬妾，就不能不节制。

凡此五者，圣人之所俭节也，小人之所淫佚也。俭节则昌，淫佚则亡。此五者不可不节：夫妇节而天地和，风雨节而五谷孰①，衣服节而肌肤和。

**【译文】**

这五种情况，都是圣人注重节俭的，而小人喜欢奢侈的。节俭的就会昌盛，奢侈的就会灭亡。在这五方面不能不节制：夫妻之间有节制，天地阴阳之气就和谐；风调雨顺，五谷就会丰收；穿衣注意节制，身体就会舒适。

# 三　辩

此言"三辩"，篇名与内容似不相属，故有学者怀疑其为《公孟》或《非乐上》之文羼入者。其实，如曹耀湘所云，此"三"不过为约数，即反复辩论的意思。

此文通过墨子与程繁的辩论，表达出墨子对音乐的态度，即认为音乐是无益于天下的。其实，程繁的发问很犀利，令人难以辩驳，而墨子避其锋芒，并不直接回答，却从尧、舜的音乐与治国谈起，尧、舜以后，音乐越来越多，但治国却越来越差，证明音乐对治国之无用而有害。这个回答是很机巧的，因为音乐的确越来越多，但并不能说治理越来越差，可是当时的人却无法怀疑尧、舜的治国，所以，程繁无法反驳。

程繁也很机智地看出了这一点，便也避开了墨子的圈套，而直接抓住墨子的逻辑矛盾来发问，使对方陷入绝境。可是墨子仍很从容，他用了一个比喻就完成了反击，而其比体与喻体的关系却模糊难明。其实，墨子实质上逃避了问题，却在表面上赢得了论辩的胜利。

程繁问于子墨子曰①：夫子曰：圣王不为乐。昔诸侯倦于听治，息于钟鼓之乐；士大夫倦于听治，息于竽瑟之乐；农夫春耕夏耘，秋敛冬藏，息于聆缶之乐②。今夫子曰：圣王不为乐。此譬之犹马驾而不税③，弓张而不弛，无乃非有血气者之所不能至邪④？

【注释】

①程繁：《公孟》篇作程子，兼治儒墨之学者。

②聆缶（fǒu）：都是瓦盆之类的东西，秦地人将其作为打击乐器。聆，当为"瓴"。

③税：释放、解脱的意思。

④不能：当衍一"不"字。

【译文】

程繁问墨子说：先生您曾说，圣王是不设置音乐的。但以前的诸侯若处理政事疲倦了，就演奏钟鼓之乐来休息；士大夫处理政事疲倦了，就演奏竽瑟之乐来休息；农民春天耕种，夏天除草，秋天收获，冬天贮藏，也要敲击瓦盆作为音乐来休息。现在您却说：圣王不设置音乐。这就像把马驾上车后却一直不卸套，把弓拉紧了却一直没放松，这恐怕不是血肉之躯的人能做到的吧？

子墨子曰：昔者尧、舜有茅茨者①，且以为礼，且以为乐。汤放桀于大水，环天下自立以为王②，事成功立，无大后患③，因先王之乐，又自作乐，命曰《护》④，又修《九招》⑤。武王胜殷杀纣，环天下自立以为王，事成功立，无大后患，因先王之乐，又自作乐，命曰《象》⑥。周成王因先王之乐，又自作乐，命曰《驺虞》⑦。周成王之治天下也，不若武王；武王之治天下也，不若成汤；成汤之治天下也，不若尧、舜。故其乐逾繁者，其治逾寡。自此观之，乐非所以治天下也。

**【注释】**

①第期：毕沅因此二字不可解，遂据《太平御览》改为"茅茨"。俞樾以"茅茨"二字不通，认为"第期"或乐名，当存以阙疑。孙诒让则以其若为乐名则与下句"且以为礼"不合，仍从毕校。刘昶又以此二字当为人名，文义始通，惜此人于史无征耳。

②环：即"营"。

③大：当为"夫"。

④《护》：商汤命令伊尹制作的音乐。

⑤《九招》：即《九韶》，古代乐曲，相传是舜制作的。

⑥《象》：周武王伐商时制作的乐曲。

⑦《驺（zōu）虞》：古代乐曲，《诗经》中有《驺虞》一篇，即周成王时的诗篇。

**【译文】**

墨子说：从前尧、舜时有个名叫第期的人，草创礼仪，并且制乐。商汤把夏桀流放到大水，经营天下自立为王，功成名就之后，没有什么后患了，就继承先王的音乐，又自己创作音乐，命名叫《护》，又修订了古乐《九韶》。周武王战胜了殷商，杀死商纣王，经营天下自立为王，功成名就之后，没有什么后患了，就继承先王的音乐，又自己创作音乐，命名叫《象》。周成王也继承了先王的音乐，又自己创作音乐，命名叫《驺虞》。周成王治理天下不如周武王，周武王治理天下不如商汤，商汤治理天下不如尧、舜。所以，音乐越繁复，治国的成绩却越少。由此来看，音乐不是用来治理天下的啊！

程繁曰：子曰圣王无乐，此亦乐已，若之何其谓圣王无乐也？子墨子曰：圣王之命也①，多寡之②。食之利也，以知饥而食之者智也，因为无智矣③。今圣有乐而少，此亦无也。

【注释】

①命：即"令"。

②多寡之：即"损益之"之意。

③因：当作"固"。智：通"知"。

【译文】

程繁说：您说圣王没有音乐，可是这些也是音乐啊，为什么说圣王没有音乐呢？墨子说：圣王的教令是，对前代的礼乐要有所增减。饮食对人是有利的，但以为知道饿了就进食算是聪明，这就是无知了。刚才说的那些圣王虽有音乐，但很少，这就像没有一样。

# 尚贤上

从这一篇开始，以下十一篇大都一篇而分为上中下三章，文意均同而措辞稍异，故各选一篇具有代表性者以见其意。

尚贤是墨子最为重要的思想之一，他认为这是"为政之本"，即把贤士的任用与国家的长治久安联系在一起，这不仅在当时，就是现在也有其现实意义。而且，墨子的尚贤是彻底的，他要求"举义不辟贫贱"，"举义不辟亲疏"，"举义不辟远近"，这事实上打破了封建社会的等级观念，唯贤是举。仅此而言，其思想之高远与宏达即已非其他周秦诸子所可同日而语者。当然，也正因为如此，墨子在中国漫漫数千年的封建文化中，几乎没有自己的立足之地，因为这一思想从根本上危及了统治者的地位。

在具体论述中，墨子严密的论证方式发挥了其逻辑力量，如"不义不富"一段，以上行下效为起点，以不同人的反应为线索，反复究诘，不厌其烦，从而使其树义极为坚固，无可辩驳。

子墨子言曰：今者王公大人为政于国家者，皆欲国家之富，人民之众，刑政之治。然而不得富而得贫，不得众而得寡，不得治而得乱，则是本失其所欲，得其所恶，是其故何也？子墨子言曰：是在王公大人为政于国家者，不能以尚贤事能为政也①。是故国有贤良之士众，则国家之治厚；贤良之士寡，则国家之治薄。故大人之务，将在于众贤而已。

【注释】

①事：使用。

【译文】

墨子说：现在朝廷中从政的王公大人，都希望国家富强，人口繁盛，刑法与政治都井井有条。但结果是不能富强反而贫困了，人口不能增加反而减少了，不能得到安定反而得到了混乱，也就是从根本上失去了所希望的，而得到了所厌恶的，这是什么原因呢？墨子说：原因在于朝廷里从政的王公大人们，不能用尊重贤士使用能人的办法来治理国家。因此，国家所拥有的贤良之士多，那么国家治理的根基就坚实；贤良之士少，那么国家治理的根基就薄弱。所以，掌权者的主要任务，就在于聚集贤良之士罢了。

曰：然则众贤之术将奈何哉？子墨子言曰：譬若欲众其国之善射御之士者，必将富之、贵之、敬之、誉之，然后国之善射御之士，将可得而众也。况又有贤良之士厚乎德行、辩乎言谈、博乎道术者乎！此固国家之珍，而社稷之佐也。亦必且富之、贵之、敬之、誉之，然后国之良士，亦将可得而众也。是故古者圣王之为政也，言曰：不义不富，不义不贵，不义不亲，不义不近。是以国之富贵人闻之，皆退而谋曰，始我所恃者，富贵也，今上举义不辟贫贱①，然则我不可不为义。亲者闻之，亦退而谋曰，始我所恃者，亲也，今上举义不辟亲疏，然则我不可不为义。近者闻之，亦退而谋曰，始我所恃者，近也，今上举义不辟远近，然则我不可不为义。远者闻之，亦退而谋曰，我始以远为无恃，今上举义不辟远近，然则我不可不为义。逮至远鄙郊外之臣、阙庭庶子、国中之众、四鄙之萌人闻之②，皆竞为义。是其故何也？曰：上之所以使下者，一物也；下之所以事上者，一术也。譬之富者，有高墙深宫，墙立既谨，上为凿一门，有盗人入，阖其自入而求之，盗其无自出。是其故何也？则上得要也。

【注释】

①辟：即"避"。

②阙庭庶子：在宫中侍卫的公族及卿大夫的庶子，因为其住在内外朝与门庭之间，所以称为"阙庭庶子"。国：指城邑。萌：同"氓"，黎民，百姓。

## 【译文】

有人问：那么，聚集贤良之士的办法是什么呢？墨子说：比如说想要聚集他们国家里善于射箭和驾车的人，一定要使他们富裕、使他们显贵、尊敬他们、赞誉他们，这样做之后，他们国家里善于射箭和驾车的人就会多起来。况且那些贤良之士又具有淳厚的德行，善辩的言谈，广博的学识呢！这本来就是国家的珍宝，社稷的良佐啊！也一定要使他们富裕、使他们显贵、尊敬他们、赞誉他们，然后全国的贤良之士也就可以多起来了。所以古代的圣王制定政令时说，不义的人不能让他富裕，不义的人不能让他显贵，不义的人不能给他信任，不义的人不使他接近。因此国中富贵的人听了，都私下里思量说，当初我所凭借的，是富贵，现在国君提拔仁义的人而不避贫贱，那么我不能不做仁义的事了。为国君所亲近的人听了，也私下思量说，当初我所凭借的是被亲近，现在国君提拔仁义的人而不避亲疏，那么我不能不做仁义的事了。在国君身边的人听了，也私下思量说，当初我所凭借的是处在国君身边，现在国君提拔仁义的人而不避远近，那么我不能不做仁义的事了。远离国君的人听了，也私下思量说，当初我远离国君，以为无所凭借，现在国君提拔仁义的人而不避远近，那么我不能不做仁义的事了。直到边疆郊外的臣子、宫中的侍卫、城中的民众、边境的百姓听了，也都争着做仁义的事。这个原因是什么呢？这是因为君主所凭借着驱使臣下的，只有尚贤一种方法；臣下用来事奉君主的，也只有仁义一条途径。就好像有钱的人家，有很高的墙和很大的宫室，墙修得很完整了，墙上开一扇门，有盗贼进入，就关上他进来的那扇门再来搜他，盗贼就无从出去了。那么这个原因是什么呢，这是君主得到了用人的要领。

故古者圣王之为政，列德而尚贤。虽在农与工肆之人，有能则举之。高予之爵，重予之禄，任之以事，断予之令。曰：爵位不高，则民弗敬；蓄禄不厚，则民不信；政令不断，则民不畏。举三者授之贤者，非为贤赐也，欲其事之成。故当是时，以德就列，以官服事，以劳殿赏①，量功而分禄。故官无常贵，而民无终贱。有能则举之，无能则下之。举公义，辟私怨，此若言之谓也。

**【注释】**

①殿：评定。

**【译文】**

所以古代圣王处理政事，依照德行给予位次，崇尚贤人。即使是农民或工匠中的人，只要有能力就提拔他。封他很高的爵位，给他很重的俸禄，任用他来做事情，给他决断的权力。说如果爵位不高，那么人民就不敬重他；如果俸禄不重，那么人民就不会信任他；如果在理事时没有决断权，那么人民就不会畏惧他。把这三种东西授予贤人，并不是要赏赐贤人，而是希望他做事能成功。所以在那个时候，依德行来排列位次，按官职来处理政事，按照劳绩来决定赏赐，衡量功勋而分给俸禄。因此，官员并不永远富贵，平民也并不一直贫贱。有能力就提拔他，没有能力就罢免他。出以公心，抛开私怨，就是这个意思。

故古者尧举舜于服泽之阳<sup>①</sup>，授之政，天下平。禹举益于阴方之中<sup>②</sup>，授之政，九州成。汤举伊尹于庖厨之中<sup>③</sup>，授之政，其谋得。文王举闳夭、泰颠于罝罔之中<sup>④</sup>，授之政，西土服。故当是时，虽在于厚禄尊位之臣，莫不敬惧而施<sup>⑤</sup>；虽在农与工肆之人，莫不竞劝而尚意<sup>⑥</sup>。故士者，所以为辅相承嗣也。故得士则谋不困，体不劳，名立而功成，美章而恶不生，则由得士也。是故子墨子言曰：得意，贤士不可不举；不得意，贤士不可不举。尚欲祖述尧、舜、禹、汤之道<sup>⑦</sup>，将不可以不尚贤。夫尚贤者，政之本也。

**【注释】**

① 服泽之阳：服泽，古地名，即濩泽，在今山西。阳，山之南、水之北为阳。

② 阴方：古地名，不详所在。

③ 汤举伊尹于庖（páo）厨之中：据说伊尹本是汤的奴隶，善于烹调，他用烹调的道理来说汤以治国之道，从而得到任用。庖厨，厨房。

④ 闳（hóng）夭、泰颠：都是周文王的贤臣。罝（jū）：捕兔的网。罔：捕鱼的网。

⑤ 施：当作"不施"。施，即"弛"。

⑥意：当为"惪"，即"德"字。

⑦尚：犹"倘"，倘若。

**【译文】**

所以古时候尧在服泽的北边提拔了舜，交给他政事，天下太平。大禹在阴方之中提拔了伯益，交给他政事，九州统一。商汤从厨房里提拔了伊尹，交给他政事，他的治国谋略得到成功。周文王在渔猎者中提拔了闳夭和泰颠，交给他们政事，西方的诸侯为之臣服。所以在那个时候，即使是有优厚俸禄和尊贵地位的大臣，也没有不兢兢业业的，并且都不敢松弛懈怠；即使农民与工匠，也没有一个不竞相劝勉而崇尚德行的。所以说贤士是国家辅佐大臣的接替者。因此，得到了贤士的辅佐，君主谋划国事就不困难，身体就不劳累，功成名就，美善彰显而丑恶杜绝，这是得到了贤士的缘故啊。所以墨子说，国家太平的时候，不可以不选拔贤士；国家不太平的时候，也不可不选拔贤士。如果想继承尧、舜、禹、汤的治国之道，就不能不崇尚贤士。崇尚贤士，是政治的根本。

# 尚同上

  "尚同"其实要讨论的就是下级对上级的服从：文中说一里之人要统一于里长，一乡之人要统一于乡长，一国之人要统一于国君，而天下之人要统一于天子，正是在这样的政治幻想中，墨子把全天下组织成了一个纲举目张、有条不紊的系统。只要能够达到以上级的是非为是非，就会统一而不会产生混乱，这一主张也反映出墨家理想而又简单的大同愿望。其实，"尚同"是很危险的，因为在上者就正确吗？不过，在墨子的思想体系中，这一点倒也没有问题，因为他还主张"尚贤"，所有在上者都是贤人，那么也就一定正确；更何况，在本文中，墨子最后还进一步指出，"天下之百姓皆上同于天子，而不上同于天，则菑犹未去也"，也就是说，天子仍不是最后的裁定者，最高的意志是"天"，有这样一个先验的标准在这里，他的"尚同"论就不会有漏洞了。那么，从这一点上来说，这一思想又与其"天志"篇可以参读互证了。

子墨子言曰：古者民始生未有刑政之时，盖其语，人异义。是以一人则一义，二人则二义，十人则十义，其人兹众，其所谓义者亦兹众。是以人是其义，以非人之义，故交相非是也。以内者父子兄弟作怨恶离散不能相和合①。天下之百姓，皆以水火毒药相亏害。至有余力，不能以相劳；腐朽余财②，不以相分；隐匿良道，不以相教。天下之乱，若禽兽然。

**【注释】**

①以：同"已"，即"既而"之义。作：即"乍"，开始的意思。

②朽（xiǔ）：腐朽，腐烂。

**【译文】**

墨子说：古代人类刚刚产生还没有刑法与政治的时候，人们所说的话，每个人都有不同的意见。因此，一个人就有一种意见，两个人就有两种意见，十个人就有十种意见，人越多，这些所谓的意见也就越多。而且每个人都认为自己的意见是对的，并以此来批评别人的意见，因此就互相指责。既而在家里父子兄弟之间开始互相怨恨分离而不能互相团结和睦。天下的百姓都用水火毒药互相损害。即使有余力也不能互相帮助，多余的钱财腐朽了也不能分施，隐藏起好的知识不能互相教育。天下的混乱，就像禽兽一样。

　　夫明虖天下之所以乱者<sup>①</sup>，生于无政长，是故选天下之贤可者，立以为天子。天子立，以其力为未足，又选择天下之贤可者，置立之以为三公。天子、三公既以立，以天下为博大，远国异土之民，是非利害之辩，不可一二而明知<sup>②</sup>，故画分万国，立诸侯国君。诸侯国君既已立，以其力为未足，又选择其国之贤可者，置立之以为正长。正长既已具，天子发政于天下之百姓，言曰：闻善而不善<sup>③</sup>，皆以告其上。上之所是，必皆是之；上之所非，必皆非之。上有过则规谏之，下有善则傍荐之<sup>④</sup>。上同而不下比者，此上之所赏而下之所誉也。意若闻善而不善，不以告其上，上之所是弗能是，上之所非弗能非，上有过弗规谏，下有善弗傍荐，下比不能上同者，此上之所罚，而百姓所毁也。上以此为赏罚，甚明察以审信。

【注释】

①虖：即"乎"。

②一二：当做"一一"，古书重字号讹为"二"也。

③而：即"与"。

④傍荐：访求而举荐。傍，通"访"。

【译文】

　　明白了天下之所以混乱的道理，是由于没有行政长官，所以就要选择天下的贤良且可任以政务的人，拥立其为天子。天子确立了，因为他的力量还不够，又选择天下的贤良且可任以政务的人，立为三公。天子和三公都已经确立了，又因为天下广大，远方异国的人民，对于是非利害的区别不可能一一明白，所以再划分许多国家，设立诸侯与国君。诸侯国君确立后，因为他的力量还不够，又选择诸侯国里的贤良且可任以政务的人，设立为行政长官。行政长官具备后，天子就向天下百姓发布政令说：你们不论听到好的和不好的意见，都要报告给自己的上级。上级认为对的，大家都一定也要认为对；上级认为不对的，大家也都必须认为不对。上级有过失就要规谏，下面有好的就要访求并举荐。与上级一致而不在下面结党营私，这是上级所称赏下面所赞誉的做法。假如听到好的和不好的意见，却不报告给上级，上级认为对的却认为不对，上级认为错的却认为没错，上级有过失不能规谏，下面有好的却不能访求举荐，在下面结党而不能与上级一致的，这是上级要责罚，而且百姓也要非议的做法。上级用这个原则来进行赏罚，就能明察秋毫而且符合实际。

是故里长者<sup>①</sup>，里之仁人也。里长发政里之百姓，言曰：闻善而不善，必以告其乡长。乡长之所是，必皆是之；乡长之所非，必皆非之。去若不善言，学乡长之善言；去若不善行，学乡长之善行，则乡何说以乱哉？察乡之所治者何也？乡长唯能壹同乡之义，是以乡治也。乡长者，乡之仁人也。乡长发政乡之百姓，言曰：闻善而不善者，必以告国君。国君之所是，必皆是之；国君之所非，必皆非之。去若不善言，学国君之善言，去若不善行，学国君之善行，则国何说以乱哉？察国之所以治者何也？国君唯能壹同国之义，是以国治也。国君者，国之仁人也。国君发政国之百姓，言曰：闻善而不善，必以告天子。天子之所是，皆是之；天子之所非，皆非之。去若不善言，学天子之善言；去若不善行，学天子之善行，则天下何说以乱哉。察天下之所以治者何也？天子唯能壹同天下之义，是以天下治也。

【注释】

①里长：一里的行政长官。里，古代地方上的行政单位。

【译文】

所以，里长是一里内的仁人。里长向一里的百姓发布政令说：不论听到好的和不好的意见，一定要报告给乡长。乡长认为对的，大家都一定也要认为对；乡长认为不对的，大家也都必须认为不对。去掉你们不正确的言论，学习乡长正确的言论；去掉你们不正确的行为，学习乡长正确的行为，那么一个乡还有什么理由混乱呢？考察一个乡之所以治理得好是什么原因呢？唯有乡长能统一全乡人的意愿，所以一乡就得到治理了。乡长是一乡内的仁人。乡长向一乡的百姓发布政令说：不论听到好的和不好的意见，一定要报告给国君。国君认为对的，大家都一定也要认为对；国君认为不对的，大家也都必须认为不对。去掉你们不正确的言论，学习国君正确的言论；去掉你们不正确的行为，学习国君正确的行为，那么一个国还有什么理由混乱呢？考察一个国之所以治理得好是什么原因呢？唯有国君能统一全国人的意愿，所以一国就得到治理了。国君是一国内的仁人。国君向一国的百姓发布政令说：不论听到好的和不好的意见，一定要报告给天子。天子认为对的，大家都一定也要认为对；天子认为不对的，大家也都必须认为不对。去掉你们不正确的言论，学习天子正确的言论；去掉你们不正确的行为，学习天子正确的行为，那么天下还有什么理由混乱呢？考察天下之所以治理得好是什么原因呢？唯有天子能统一全天下人的意愿，所以全天下就得到治理了。

　　天下之百姓皆上同于天子，而不上同于天，则菑犹未去也①。今若天飘风苦雨②，溱溱而至者③，此天之所以罚百姓之不上同于天者也。是故子墨子言曰：古者圣王为五刑，请以治其民④。譬若丝缕之有纪⑤，罔罟之有纲⑥，所连收天下之百姓不尚同其上者也。

**【注释】**
①菑：即"灾"。
②飘风：迅疾暴烈的风。
③溱溱：当为"湊湊（còu）"，频仍的意思。
④请：通"情"，的确。

尚同上

六五

⑤纪：把丝线分开的主要线索。

⑥罟（gǔ）：渔猎所用的网。罟，网。

【译文】

　　天下的老百姓如果都向上统一于天子，而不向上统一于天的意志，那么灾祸就还没有完全离去。现在如果上天让大风与暴雨频频到来，这就是上天对于不向上统一于天的意志的百姓的惩罚。所以墨子说：古代圣王制定了五种刑罚，诚然是用来治理人民的，就好像丝线有头绪，渔猎的网有纲，是用来收束那些不向上统一于上级的百姓一样。

# 兼爱中

　　"兼爱"是墨子最为著名的思想，而且，这在他的思想体系中，也的确处于核心地位。他认为，解决天下所有的攻伐、掠夺以及自相残杀的问题，归结于一点，就是要实行兼爱。他并不认为自己的主张是先验的，不需要论证就强加给别人。对于这个核心观点，他反复地论证，不但论证要想天下大治，必须实行兼爱，而且论证了兼爱的实行其实有着更高自然法则的背景和更为永恒的支持，那就是天道。墨子认为，天就是实行兼爱的，而且，历代圣王也是实行兼爱的，所以，人们要实行兼爱。

　　儒家主张"仁者爱人"，也是主张"爱"，但儒家的爱是有等级差别的，墨子的"兼爱"却消除了等级观念，所以孟子攻击他是"无父"之人。但是，就我们看来，墨子的主张显然要可爱得多。不过，我们也不得不承认，墨子的"兼爱"其实只是一种理想，甚至在某种程度上只是一种空想，这种空想在人类历史发展的现实中，也许永远都难以达到，但是那面爱的大纛却将永远飘扬在人类理想世界的一极。

　　子墨子言曰：仁人之所以为事者，必兴天下之利，除天下之害，以此为事者也。然则天下之利何也？天下之害何也？子墨子言曰：今若国之与国之相攻，家之与家之相篡①，人之与人之相贼②；君臣不惠忠，父子不慈孝，兄弟不和调，此则天下之害也。然则崇此害亦何用生哉③？以不相爱生邪④？子墨子言：以不相爱生。今诸侯独知爱其国，不爱人之国，是以不惮举其国以攻人之国。今家主独知爱其家⑤，而不爱人之家，是以不惮举其家以篡人之家。今人独知爱其身，不爱人之身，是以不惮举其身以贼人之身。是故诸侯不相爱，则必野战；家主不相爱，则必相篡；人与人不相爱，则必相贼；君臣不相爱，则不惠忠；父子不相爱，则不慈孝；兄弟不相爱，则不和调。天下之人皆不相爱，强必执弱，富必侮贫，贵必敖贱⑥，诈必欺愚。凡天下祸篡怨恨，其所以起者，以不相爱生也，是以仁者非之。

【注释】

①篡：用强力夺取。

②贼：杀害。

③崇：应为"察"，通"察"。

④不相爱："不"字当删。

⑤家主：指公卿大夫。

⑥敖：同"傲"。

【译文】

墨子说：仁爱的人做事，必定是要增进天下的利益，革除天下的祸患，并以此为做事的原则。但是，天下的利益是什么呢？天下的祸患又是什么呢？墨子说：就现在来说，像诸侯国与诸侯国之间的相互攻打，家族与家族之间的相互掠夺，人与人之间的相互残杀；君臣之间不施恩惠与效忠，父子之间不慈爱与孝顺，兄弟之间不和睦与协调，这些都是天下的祸患。那么考察一下这些祸患是怎么产生的呢？是因为相爱而产生的吗？墨子说：是因为不相爱而产生的。当今的诸侯只知道关爱自己的国家，不关爱别人的国家，所以不惜举全国之力去攻打别的国家。现在的家主只知道关爱自己的家族，却不关爱别人的家族，所以不惜举全家之力来掠夺别的家族。现在的人只知道关爱自己的生命，而不关爱别人的生命，所以就不惜使出浑身力量来残杀别人。因此，诸侯之间不相爱，就必然发生野战；家主之间不相爱，就必然会相互掠夺；人与人不相爱，就必然会相互残杀；君臣之间不相爱，就必然没有恩惠，没有忠心；父子之间不相爱，就必然没有慈爱，没有孝顺；兄弟之间不相爱，就必然没有和睦与协调。全天下的人都不相爱的话，强者必然控制弱者，富者必然欺侮贫者，显贵的人必然傲视低贱的人，奸诈的人必然要欺骗憨厚的人。凡是天下的祸患、掠夺与怨恨，之所以能出现，就是因为人们产生了不相爱之心，因此，仁义的人认为这是不对的。

既以非之，何以易之？子墨子言曰：以兼相

爱、交相利之法易之。然则兼相爱、交相利之法将奈何哉？子墨子言：视人之国若视其国，视人之家若视其家，视人之身若视其身。是故诸侯相爱，则不野战；家主相爱，则不相篡；人与人相爱，则不相贼；君臣相爱，则惠忠；父子相爱，则慈孝；兄弟相爱，则和调。天下之人皆相爱，强不执弱，众不劫寡，富不侮贫，贵不敖贱，诈不欺愚。凡天下祸篡怨恨可使毋起者，以相爱生也，是以仁者誉之。

**【译文】**

既然认为这是不对的，那么用什么来改变它呢？墨子说：用互相关爱、互相谋利的办法来改变它。但是互相关爱、互相谋利的办法将要怎样改变这种情况呢？墨子说：看待别人的国家就像看待自己的国家一样，看待别人的家族就像看待自己的家族一样，看待别人的生命就像看待自己的生命一样。这样的话，诸侯相爱，就不会发生野战；家主相爱，就不会互相掠夺；人与人相爱，就不会互相残杀；君臣相爱，就会有恩惠、有忠心；父子相爱，就会有慈爱、有孝顺；兄弟相爱，就会有和睦、有协调。全天下的人都相爱了，强者不控制弱者，人多势众的不劫掠势单力薄的，富有的人不欺侮贫穷的人，显贵的人不傲视低贱的人，奸诈的人不欺骗憨厚的人。凡是天下的祸患、掠夺与怨恨可以让它们不发生的，就是因为人们产生了相爱之心，所以仁义的人都赞美它。

然而今天下之士君子曰：然，乃若兼则善矣。虽然，天下之难物于故也①。子墨子言曰：天下之士君子，特不识其利②，辩其故也。今若夫攻城野战，杀身为名，此天下百姓之所皆难也，苟君说之③，则士众能为之。况于兼相爱、交相利，则与此异。夫爱人者，人必从而爱之；利人者，人必从而利之；恶人者，人必从而恶之；害人者，人必从而害之。此何难之有！特上弗以为政，士不以为行故也。昔者晋文公好士之恶衣，故文公之臣，皆牂羊之裘④，韦以带剑，练帛之冠，入以见于君，出以践于朝。是其故何也？君说之，故臣为之也。昔者楚灵王好士细要⑤，故灵王之臣，皆以一饭为节，胁息然后带⑥，扶墙然后起。比期年⑦，朝有黧黑之色。是其故何也？君说之，故臣能之也。昔越王勾践好士之勇，教驯其臣，和合之，焚舟失火，试其士曰：越国之宝尽在此！越王亲自鼓其士而进之。其士闻鼓音，破碎乱行⑧，蹈火而死者，左右百人有余。越王击金而退之。是故子墨子言曰：乃若夫少食恶衣，杀身而为名，此天下百姓之所皆难也，若苟君说之，则众能为之。况兼相爱、交相利，与此异矣。夫爱人者，人亦从而爱之；利人者，人亦从而利之；恶人者，人亦从而恶之；害人者，人亦从而害之。此何难之有焉，特上不以为政，而士不以为行故也。

**【注释】**

①于故：当作"迂故"，即迂阔之事。

②利：当为"物"字。

③说：同"悦"。

④牂（zāng）羊：母羊。

⑤要：即"腰"。

⑥胁息：吸气。人一吸气小腹收缩则腰变细。

⑦期（jī）年：一年。

⑧碎：当作"阵"。

**【译文】**

然而当今天下的士君子说：对，如果能兼相爱护自然是好的。虽然这样很好，却是天下难办而又迂阔的事情。墨子说：天下的士君子是没有理解这一类事物，没有明辨这种事情啊。现在如果说攻城野战，以牺牲性命来求得名声，这本来是全天下的百姓都认为难做的事，但只要君主喜欢，那么民众也能够做到。况且互相关爱、互相谋利，跟这不一样。关爱别人的人，别人也必定会关爱他；给别人利益的人，别人也必定会给他利益；憎恶别人的人，别人也必定憎恶他；残害别人的人，别人也必定残害他。这又有什么难的呢！不过是君主不把它用在政事上，士大夫也不把它付诸行动罢了。从前，晋文公喜欢士人穿着简陋，所以文公的臣子，都穿着母羊皮做成的皮衣，用没有修饰的皮带来佩剑，戴素色的布做成的帽子，就这样入宫观见国君，出来会于朝廷。这么做的原因在哪里呢？君主喜欢，所以臣子就能这么做。以前楚灵王喜欢细腰的士人，所以灵王的臣子，都每天只吃一顿饭来节食，要深吸一口气然后再系腰带，扶着墙才能站起来。等到一年之后，朝中大臣都面色发黑。这么做的原因在哪里呢？君主喜欢，所以臣子就能这么做。以前越王勾践喜欢武士的勇敢，为了教驯臣子尚武，先把他们集合起来，然后放火烧船，并试探他的武士说：越国的宝贝全在这儿！于是，越王勾践亲自擂鼓来激励武士们前进。他的武士听到鼓声，都乱了阵脚不顾次序奋勇向前，冲到火中被火烧死的，大约有一百多人。这时越王勾践才鸣金收兵。所以，墨子说：就像节制饮食，身穿简陋的衣服，牺牲性命来求得名声，这是全天下百姓都认为难做的事。但只要君主喜欢，那么民众也能够做到。何况互相关爱、互相谋利，跟这不一样。关爱别人的人，别人也必定关爱他；给别人利益的人，别人也必定会给他利益；憎恶别人的人，别人也必定憎恶他；残害别人的人，别人也必定残害他。这又有什么难的，不过是君主不把它用在政事上，士大夫也不把它付诸行动罢了。

然而今天下之士君子曰：然，乃若兼则善矣。虽然，不可行之物也，譬若挈太山越河济也。子墨子言：是非其譬也。夫挈太山而越河济，可谓毕劫有力矣①，自古及今，未有能行之者也。况乎兼相爱，交相利，则与此异，古者圣王行之。何以知其然？古者禹治天下，西为西河渔窦②，以泄渠孙皇之水③；北为防原泒④，注后之邸⑤，呼池之窦⑥，洒为底柱⑦，凿为龙门，以利燕代胡貉与西河之民⑧；

东为漏大陆，防孟诸之泽，洒为九浍，以楗东土之水，以利冀州之民；南为江汉淮汝，东流之，注五湖之处，以利荆楚干越与南夷之民⑨。此言禹之事，吾今行兼矣。昔者文王之治西土，若日若月，乍光于四方于西土，不为大国侮小国，不为众庶侮鳏寡，不为暴势夺穑人黍稷狗彘。天屑临文王慈⑩，是以老而无子者，有所得终其寿；连独无兄弟者⑪，有所杂于生人之间；少失其父母者，有所放依而长。此文王之事，则吾今行兼矣。昔者武王将事泰山，隧传曰⑫：泰山有道。曾孙周王有事⑬，大事既获，仁人尚作，以祗商夏⑭，蛮夷丑貉⑮。虽有周亲，不若仁人，万方有罪，维予一人。此言武王之事，吾今行兼矣。是故子墨子言曰：今天下之士君子，忠实欲天下之富，而恶其贫，欲天下之治，而恶其乱，当兼相爱，交相利。此圣王之法，天下之治道也，不可不务为也。

【注释】

①毕劫：当为"毕劫"，有力的样子。

②西河：指黄河在山西、陕西两省交界的一段，因南北流向与东相对而称西河。渔窦：疑当作"漂窦"，即黑水。

③渠孙皇：三条水的名字。即渠水、孙水与湟水，这三条水皆在黑水流域。

④防原泒：三条水的名字。

⑤后之邸：当即"昭余祁"，古大泽之名，在山西太原。

⑥呼池之窦：即滹沱河。窦，沟渠。这里可理解为河。

⑦洒为底柱：在砥柱山被分流。洒，分流之意。底柱，即砥柱山，也被称为三门山。

⑧胡貉（mò）：指当时居住于北方与东北地区的少数民族。

⑨干：即吴国，古代干国被吴国吞并，故亦用"干"称吴国。

⑩屑临：即异临，青睐的意思。

⑪连：艰难。

⑫隧：当作"遂"。

⑬曾孙：古代帝王祭天时自称。

⑭祗：读为"振"，即拯救。

⑮丑貉：即九貉，代指四裔。丑，形容众多。

【译文】

然而当今天下的士君子说：对，如果能兼相爱护自然是好的。虽然这样很好，却是无法实行的事情，就好像想要举着泰山越过黄河与济水一样。墨子说：这不是个恰当的比喻。举着泰山越过黄河与济水，可以说是极为有力了，但是从古到今，从来没有人能这样做。况且兼相爱、交相利却与此不同，古代的圣明君王就这样做。凭什么知道他们这样做了呢？远古之时大禹治理天下，在西边疏通了西河与黑水，用来排泄渠水、孙水、湟水的水量；在北边又疏通了防、原、泒三条水道，把它们的水注入昭余祁湖和滹沱河，在黄河中的砥柱山分流，再凿开龙门山，以有利于燕、代的少数民族与西河的人民；东边疏通大陆的积水，为孟诸之泽修堤坝，把水分为九条河流，来限制东边的水，并使得冀州的人民受利；南边疏通长江、汉水、淮河、汝水，使他们向东流入太湖，以使楚国、吴越及南夷的人民受利。这是说大禹实行兼爱的事迹，现在我们也要用这种精神来实行兼爱。从前周文王治理西土，就像太阳、像月亮一样，光照四方，泽被西土。不自恃是大国就欺侮小国，不自恃人多就欺侮人少，不以强暴与威势来强夺农民的粮食、牲口。上天殷勤地察看了文王的慈爱，所以年老无子的人，可以得到善终；病苦孤独而没有兄弟的人，能够在活着的人中维持生计；小时候就失去父母的人，有所依靠而得以成长。这是说周文王实行兼爱的事迹，现在我们就要用这种精神来实行兼爱了。从前周武王准备祭祀泰山，遂传他的祷辞说：曾孙周王有事祷告，大事已经成功，仁人也出现了，以此来拯救商、夏的百姓和四方的蛮夷。商朝的至亲虽然多，却不如我有仁人。万方的人若有罪，由我一个人承担。这是说周武王实行兼爱的事迹，现在我们就要用这种精神来实行兼爱了。所以墨子说：当今天下的士君子，如果心里确实希望天下富起来，而不希望它穷下去，希望天下太平，而不希望天下大乱，那大家就应当互相关爱、互相谋利。这是圣王的法则，治理天下的正道，不可不努力去做！

# 非攻上

　　春秋战国是中国历史上战争最为频繁的时期，也正是在这个时期，产生了墨子这样一位冷静地站在时代之外来审视这个时代的人物，他看到了这个时代的积弊中，最重要的便是战争，所以，从他的立场坚决反对战争也成为应有之义。当然，墨子不是一个沉溺于幻想之中的人，他是一个清醒的哲人，所以，他的"非攻"并不是一种消极的一厢情愿，他还有着更为积极的策略，那就是战备，我们看一下《公输》篇即可知道他对于战争的策略，如果说这还只是故事的话，我们还可以去看其城守诸篇，那都是墨子最为实际的战术策略，应该说是一部墨子兵法。

　　本篇是《非攻》的上篇，其对墨子非攻思想的阐述并没有中、下篇完整，但是，其文章的结构却值得注意。从总体上来看，这是一篇极为典型的墨子论说文，即围绕一个论点，反复取譬设喻，层层论述，不避重复，一定要说到极为清楚明白为止。而且全篇没有一句侧逸斜出的句子，结构严密，看此一篇，可知墨子文风。全篇并不讲"非攻"的理论与实施，却仅从有人偷桃李讲开，历举了偷鸡犬、偷马牛、杀人取物，这些都是不义的，最后引出攻人之国为更大的不义，并指出前者还受人谴责，而对于后者人们却赞美它的现象，在这个逻辑链上彰显出攻国之残暴与维护战争者的可笑。全篇论述设喻繁复，然而最后的点题却极为简洁，劲如豹尾，细寻此文，可得古人为文之法。

　　今有一人，入人园圃①，窃其桃李。众闻则非之，上为政者得则罚之。此何也？以亏人自利也。至攘人犬豕鸡豚者，其不义又甚入人园圃窃桃李。是何故也？以亏人愈多，其不仁兹甚，罪益厚。至入人栏厩，取人马牛者，其不仁义又甚攘人犬豕鸡豚。此何故也？以其亏人愈多。苟亏人愈多，其不仁兹甚，罪益厚。至杀不辜人也，扡其衣裘②，取戈剑者，其不义又甚入人栏厩取人马牛。此何故也？以其亏人愈多。苟亏人愈多，其不仁兹甚矣，罪益厚。当此，天下之君子皆知而非之，谓之不义。今至大为攻国③，则弗知非，从而誉之，谓之义，此可谓知义与不义之别乎？

【注释】

①园圃：园即果园，圃即菜园，此处偏指果园。

②扡：即"拖"字。

③大为攻国：当作"大为非，攻国"。

【译文】

　　现在假如有一个人，跑到别人家的果园里，偷人家的桃子和李子。大家听说后都会认为这是不对的，上面当政的长官抓住他后也会惩罚他。这是为什么呢？因为他是在损人利己。至于偷窃别人所养的鸡狗猪的人，他的不义又超过了到别人家果园偷窃桃李的行为。这是为什么呢？因为他损害别人更多，他的不仁也就更大，而他的罪责也就更重。至于闯入别人家的牛栏马厩里，牵走别人牛马的人，他的不义又超过了偷窃别人鸡狗猪的行为。这是为什么呢？因为他损害别人更多。如果损害别人更多，他的不仁也就更大，而他的罪责也就更重。至于杀害无辜者，剥夺人家的衣服，拿走人家的戈剑的人，他的不义又超过了闯入别人家的牛栏马厩里偷人家马牛的行为。这是为什么呢？因为他损害别人更多。如果损害别人更多，他的不仁也就更大，他的罪责也就更重。当此之时，天下的君子们都知道他的不对并谴责他，说这是不义的行为。现在有人做很大的坏事，去攻打别人的国家，而人们却不知道去谴责他，反而跟着赞美这种行为，说这是义，这样可以称得上是明白义与不义的区别吗？

杀一人谓之不义，必有一死罪矣。若以此说往，杀十人十重不义，必有十死罪矣；杀百人百重不义，必有百死罪矣。当此，天下之君子皆知而非之，谓之不义。今至大为不义攻国，则弗知非，从而誉之，谓之义，情不知其不义也①，故书其言以遗后世。若知其不义也，夫奚说书其不义以遗后世哉？今有人于此，少见黑曰黑，多见黑曰白，则以此人不知白黑之辩矣②；少尝苦曰苦，多尝苦曰甘，则以此人不知甘苦之辩矣。今小为非，则知而非之；大为非攻国，则不知非，从而誉之，谓之义。此可谓知义与不义之辩乎？是以知天下之君子也，辩义与不义之乱也。

**【注释】**

①情：诚，实在，的确。

②则以此人不知：当为"则必以此人为不知"。辩：通"辨"。

**【译文】**

　　杀死一个人叫做不义，必定会被判处死罪。如果以此类推的话，杀死十个人，就是十倍的不义，必定会被判处十重死罪；杀死一百人，就是一百倍的不义，必定会被判处一百重死罪。当此之时，天下的君子们都知道他的不对并谴责他，说这是不义的行为。现在有人做很大的不义之事，去攻打别人的国家，而人们却不知道去谴责他，反而跟着赞美这种行为，说这是义，诚然是不知道这是不义的，所以记录下来他的话并传给后世。如果知道这是不义的，那又怎么解释他们把这些事记录下来传于后世的行为呢？假如现在这里有一个人，见到一点点黑色还知道这是黑色，看到很多黑色却说是白色，那么人们都认为他黑白不分了；稍微尝些苦味还知道是苦的，多吃些苦味却说是甜的，那么人们一定都认为他甘苦不分了。现在，对于做了很小错事的人，人们都知道他做错了并谴责他；对于犯了大的过错，以至于攻打别的国家的人，人们却不知道谴责他，反而跟着赞美这种行为，说这是义。这样可以称得上是明白义与不义的区别吗？由此可知现在天下的君子，判断义与不义的标准是多么混乱啊。

# 节用上

　　在远古时代，生产力水平比较低下，人类所能创造出来的生活物资较少，所以，相对而言，节约用度在某种程度上也同样是在创造社会价值，这一点直到如今仍有其现实意义。而在墨子的时代，儒家学派极重视礼节，这种繁文缛节其实也就是铺张浪费的一个入口，因为其规定了不同等级的人需要在车马、服饰等外在形式上有所体现。这样的话，地位高的人便自然走向了奢侈。针对这种现象，墨子代表了下层人民的意愿，提出了他的"节用"主张。在他的思想中，人类所有的消费，都应该满足于最为自然的状态，如食能果腹，衣可御寒，足矣，若再前进一步，便是一种无益实用的浪费。

　　全文开篇便别具慧心，以"圣人为政一国，一国可倍也"来耸动读者耳目，然后告诉读者，这个"倍"就来自于"节"。此后，作者便从衣服、宫室、军备、舟车甚至人口等问题上层层陈述他的观点。这里面特别是关于人口的一节很有意思，本来，人口放在这篇文章中是有些不协调的，可是，在墨子看来，人口也是一种社会财富，也需要"增"，这在人类很长的一段历史时期都是非常正确的认识。

　　圣人为政一国，一国可倍也。大之为政天下，天下可倍也。其倍之，非外取地也，因其国家，去其无用，足以倍之。圣王为政，其发令兴事、使民用财也，无不加用而为者，是故用财不费，民德不劳①，其兴利多矣。

**【注释】**

①德：通"得"。

**【译文】**

　　圣人治理一个国家，一个国家的财利可以增加一倍。如果大到治理天下，天下的财利可以增加一倍。这增加的一倍，并不是向外掠夺土地得来的，而是根据国家的具体情况，去掉那些无益于实用的东西，这就足够使国家的财利增加一倍了。圣王治理国家，他发布命令、举办事业、役使民众、使用财物，无一不是有益于实用才去做的，所以使用财物不浪费，民众能够不劳苦，他兴起的利益太多了。

　　其为衣裘何以为？冬以圉寒，夏以圉暑。凡为衣裳之道：冬加温，夏加清者，芊䶪不加者去之①。其为宫室何以为？冬以圉风寒，夏以圉暑雨，凡为宫室加固者②，芊䶪不加者去之。其为甲盾五兵何以为？以圉寇乱盗贼。若有寇乱盗贼，有甲盾五兵者胜，无有不胜。是故圣人作为甲盾五兵。凡为甲盾五兵加轻以利，坚而难折者，芊䶪不加者去之。

其为舟车何以为？车以行陵陆，舟以行川谷，以通四方之利。凡为舟车之道，加轻以利者，芊觛<sup>①</sup>不加者去之。凡其为此物也，无不加用而为者，是故用财不费，民德不劳，其兴利多矣。

【译文】

他们制作衣服是为了什么呢？冬天用来御寒，夏天用来防暑。制作衣服的总体原则是：冬天更加温暖，夏天更加凉爽而已，如果只是漂亮而不能增加这一特性的就去掉。他们建造宫室是为了什么呢？冬天用来躲避风寒，夏天用来抵挡炎热和雨水，凡是建造宫室都以增加其坚固为目的，只是漂亮而不能增加这一特性的就去掉。他们制造铠甲、盾牌和戈矛等五种兵器是为了什么呢？是用来防御外寇与盗贼的。如果有外寇与盗贼，拥有铠甲、盾牌和戈矛等五种兵器的人就会胜利，而没有的就要失败。所以圣人出现，制造了铠甲、盾牌和戈矛等五种兵器。大凡制造铠甲、盾牌和戈矛等五种兵器，要能增加它轻便锋利、坚固而难以折断的特点，只是漂亮而不能增加这一特性的就去掉。他们打造车船又是为什么呢？车是用来在陆地上行驶的，船是用来在江河中航行的，以此来沟通四方的利益。打造车船的总体原则是，要能让它更加轻捷便利，只是漂亮而不能增加这一特性的就去掉。凡是圣人制造的这些东西，无一不是有益于实用才去做的，所以使用财物不浪费，民众能够不劳苦，他兴起的利益太多了。

有去大人之好聚珠玉、鸟兽、犬马①，以益衣裳、宫室、甲盾、五兵、舟车之数，于数倍乎，若则不难。故孰为难倍？唯人为难倍。然人有可倍也。昔者圣王为法曰：丈夫年二十，毋敢不处家。女子年十五，毋敢不事人。此圣王之法也。圣王即没，于民次也②。其欲蚤处家者③，有所二十年处家；其欲晚处家者，有所四十年处家。以其蚤与其晚相践④，后圣王之法十年。若纯三年而字⑤，子生可以二三计矣。此不惟使民蚤处家，而可以倍与。且不然已。

【注释】

①有：通"又"。

②次：即"恣"。

③蚤：通"早"。

④践：当读为"翦"，即"减"字。

⑤字：有乳、养之义，即生子。

【译文】

又去掉王公大人们喜欢聚集的珠玉、鸟兽和犬马等玩物，用来增加衣服、宫室、甲盾、戈矛等五种兵器与车船的数量，这样把它们的数量增加一倍，也不是什么难事。然而，什么是最难成倍增加的呢？只有人口是难以成倍增加的。然而人口也有可以成倍增加的办法。从前圣王制定的法令说：男子到了二十岁，就不敢不成家。女子到了十五岁，就不敢不出嫁。这就是圣王的法令。圣王去世以后，老百姓就放纵自己。他们有想早成家的，就二十岁时成家；有想晚成家的，竟有四十岁才成家的。他们早的与晚的相减，比圣王的法令晚了十年。如果婚后都三年生一个孩子，那就可以多生两三个孩子了。这不仅仅是让百姓早些成家，也是让人口成倍增加的办法。但现在的帝王却不这么做。

今天下为政者，其所以寡人之道多。其使民劳，其籍敛厚，民财不足，冻饿死者，不可胜数也。且大人惟毋兴师以攻伐邻国，久者终年，速者数月。男女久不相见，此所以寡人之道也。与居处不安，饮食不时，作疾病死者，有与侵就偨橐①，攻城野战死者，不可胜数。此不令为政者所以寡人之道②，数术而起与？圣人为政特无此。不圣人为政③，其所以众人之道亦数术而起与？故子墨子曰：去无用，之圣王之道，天下之大利也！

【注释】

①侵就偨（ài）橐：当为"侵掠俘虏"。

②不令：不善。

③不：当为"夫"。

**【译文】**

现在天下当政的人，他们的大多数行为都是在让人口减少。他们把民众役使得极为辛苦，收取的赋税又十分繁重，民众的财产不足，受冻挨饿而死的人，数不胜数。况且大人们只要兴师出兵来攻打邻国，时间长的要一年，快的也要几个月。夫妻长期不能相见，这就是人口减少的根源。加上居住不安定，饮食不按时，以及生病死的，再加上被侵掠俘虏与攻城野战而死的，也数不胜数。这些都是不善为政者所以使人口减少的原因，而这原因不是多种多样的吗？圣人治理国家绝对不会有这种情况。圣人治理国家，他之所以能使人口增多的方法不也是多种多样的吗？所以墨子说：去掉那些无益于实用的东西，实行圣王的治国之道，这就是天下的大利啊！

# 节葬下

儒家讲究厚葬久丧，不同地位和身份的人，要在丧葬的制度上有所区别，这在墨子看来是完全没有必要的浪费。而且，事实上也是如此，在这种礼制下，有些家庭甚至都死不起人。所以，墨子针锋相对提出节葬的主张，对于保存当时社会的生产力、增进社会财富，是很有意义的。此文篇幅较长，但说理严密、层层深入，极有辩驳力。

全文开端并不急于入正文，而是先提出仁者如何治天下，既然是要"为天下度"，那么再提出厚葬久丧究竟是否应当执行。接着依次不厌其烦地证明了厚葬久丧既不能富家、众人民、治刑政，也不能禁止攻伐或向上帝鬼神祷福，再以尧、舜、禹三位圣王的葬事来反驳那些坚持以圣王之法为托词的人。最后，墨子又用习俗与仁义的不统一来解释了为什么中原还有人行厚葬久丧之礼，最后说出"衣食者，人之生利也，然且犹尚有节；葬埋者，人之死利也，夫何独无节于此乎"这样简明剀切而通达睿智的话。

子墨子言曰：仁者之为天下度也，辟之无以异乎孝子之为亲度也①。今孝子之为亲度也，将奈何哉？曰：亲贫，则从事乎富之；人民寡，则从事乎众之；众乱，则从事乎治之。当其于此也，亦有力不足，财不赡，智不智②，然后已矣。无敢舍余力，隐谋遗利，而不为亲为之者矣。若三务者，此孝子之为亲度也，既若此矣。虽仁者之为天下度，亦犹此也。曰：天下贫，则从事乎富之；人民寡，则从事乎众之；众而乱，则从事乎治之。当其于此，亦有力不足，财不赡，智不智，然后已矣。无敢舍余力，隐谋遗利，而不为天下为之者矣。若三务者，此仁者之为天下度也，既若此矣。

**【注释】**

①辟：通"譬"。

②智不智：即"智不知"。下同。

**【译文】**

墨子说：仁义的人为天下谋划，就好比孝子为父母谋划一样。现在孝子为父母谋划，将要怎么办呢？即是说：父母贫困，就努力让他们富起来；人丁稀少，就努力让人口增多；大家要是混乱，就努力来治理。当他们在做这些事情时，也有力量不足，财用不支，才智不及的时候，这才会停止。没有人敢不尽心尽力，隐藏自己的智谋，为自己私留利益，而不为父母去做的。这三种事情，就是孝子为父母所谋划的，已经是这样了。那么仁义的人为天下谋划，也是这样的。即：天下贫穷，就努力让他们富起来；人丁稀少，就努力让人口增多；大家要是混乱，就努力来治理。当仁义的人在做这些事情时，也有力量不足，财用不支，才智不及的时候，这才会停止。并不敢不尽心尽力，隐藏自己的智谋，为自己私留利益，而不为天下去做的。这三种事情，就是仁义的人为天下所谋划的，已经是这样了。

今逮至昔者三代圣王既没，天下失义。后世之君子，或以厚葬久丧以为仁也、义也、孝子之事也[1]；或以厚葬久丧以为非仁义、非孝子之事也。曰二子者，言则相非，行即相反，皆曰：吾上祖述尧、舜、禹、汤、文、武之道者也。而言即相非，行即相反。于此乎后世之君子皆疑惑乎二子者言也。若苟疑惑乎之二子者言，然则姑尝传而为政乎国家万民而观之[2]。计厚葬久丧，奚当此三利者哉？意若使法其言，用其谋，厚葬久丧实可以富贫众寡，定危治乱乎，此仁也，义也，孝子之事也。为人谋者不可不劝也。仁者将求兴之天下，谁贾而使民誉之[3]，终勿废也。意亦使法其言，用其谋，厚葬久丧实不可以富贫众寡，定危理乱乎，此非仁非义，非孝子之事也。为人谋者不可不沮也。仁者将求除之天下，相废而使人非之，终身勿为。是故兴天下之利，除天下之害，令国家百姓之不治也，自古及今，未尝之有也。

**【注释】**

①厚葬久丧：这是儒家的主张，指葬礼要隆重盛大，陪葬的物品要丰厚，守丧的时间要达到规定长度。

②传：当为"傅"，即"敷"字，发布的意思。

③谁贾：当为"设置"。

**【译文】**

从古代到今天，三代的圣王既已死去，天下失去了义。后世的君子们，有的认为厚葬久丧是仁，是义，是孝子应做的事；有的则主张厚葬久丧不是仁，不是义，不是孝子应做的事。这两种人，所说的话是互相攻击的，所行的事是截然相反的，但都说：我是向上效法了尧、舜、夏禹、商汤、周文王、周武王的大道。但所说的话却是互相攻击的，所行的事是截然相反的。于是后世的君子们都对这两种人的话感到疑惑。如果仅仅疑惑这两种人的言论，那么就姑且试着从发布政令治理国家万民来考察。想想厚葬久丧，能得到这三种有利结果吗？如果依照他们的说法，采用他们的谋划，厚葬久丧真的可以使穷困的变富裕、使人口增多、能转危为安、由乱而治，这就的确是仁，是义，是孝子应做的事。为别人出谋划策的人就不能不勉励人们这样做。仁义的人将努力使之在天下兴盛起来，设置相应的制度并使民众赞同它，永不废止。如果依照他们的说法，采用他们的谋划，厚葬久丧真的不能使穷困的变富裕、使人口增多、转危为安、由乱而治，这就绝不是仁，不是义，也不是孝子应做的事。为别人出谋划策的人就不能不阻止人们这样做。仁义的人将努力把它从天下消除掉，交相废除这种制度并使民众也反对它，一辈子也不做这样的事情。所以，增进天下的大利，去除天下的大害，却让国家与百姓得不到治理的，从古及今，还从来没有过。

何以知其然也？今天下之士君子，将犹多皆疑惑厚葬久丧之为中是非利害也。故子墨子言曰：然则姑尝稽之，今虽毋法执厚葬久丧者言①，以为事乎国家。此存乎王公大人有丧者，曰棺椁必重②，葬埋必厚，衣衾必多，文绣必繁，丘陇必巨。存乎匹夫贱人死者，殆竭家室③。存乎诸侯死者④，虚车府⑤，然后金玉珠玑比乎身，纶组节约⑥，车马藏乎圹⑦，又必多为屋幕，鼎鼓几梴壶滥⑧，戈剑羽旄齿革，寝而埋之，满意。若送从⑨，曰天子杀殉，众者数百，寡者数十。将军大夫杀殉，众者数十，寡者数人。

**【注释】**

① 虽：当为"唯"。毋：发语词。
② 棺椁（guǒ）：古代内棺为棺，外棺为椁。据记载，天子的棺材要四重，诸公三重。
③ 殆（dài）：大概，恐怕。
④ 存：原无，从毕沅说补。
⑤ 车：当为"库"。
⑥ 纶组节约：古代葬礼以丝绵裹尸，再以丝束缠束。纶，丝绵。组，丝带。

⑦圹（kuàng）：墓穴。

⑧梴（yán）：通“筵”，坐席，坐垫。滥（jiàn）：通“鉴”，盆，可盛水，可盛冰。

⑨送从：当为“殉从”。

**【译文】**

怎么知道事情是这样的呢？当今天下的士人君子，可能还有很多人对于厚葬久丧之是否合于是非利害有所怀疑。所以墨子说：那么我们姑且考察一下，现在效法执行厚葬久丧者的言论，用来治理国家。这种情况对于有丧事的王公大人来说，棺材必须要有很多重，埋葬得一定要深，随葬的衣服一定要多，棺材上的花纹一定要繁复，坟堆一定要高大。这对于有丧事的低贱者来说，恐怕会荡尽其家产。对于有丧事的诸侯来说，要消耗国家府库里的财物，然后把金玉珠玑缀满死者全身，并用丝絮来束住，把车马也入墓随葬，还一定要多做帷幕，钟鼎、鼓、几案、坐席及壶、盆，还有戈剑、羽旄、象牙、皮革，都一起埋葬，这才满意。若说到殉葬，天子是杀人殉葬的，多的几百人，少得也几十人。卿大夫也是杀人殉葬的，多的几十人，少的几个人。

处丧之法将奈何哉？曰哭泣不秩声，翁缞绖垂涕[①]，处倚庐[②]，寝苫枕块[③]，又相率强不食而为饥，薄衣而为寒，使面目陷陬[④]，颜色黧黑[⑤]，耳目不聪明[⑥]，手足不劲强，不可用也。又曰上士之操丧也，必扶而能起，杖而能行，以此共三年。若法若言，行若道，使王公大人行此，则必不能蚤朝。治五官六府⑦，辟草木，实仓廪。使农夫行此，则必不能蚤出夜入，耕稼树艺。使百工行此，则必不能修舟车、为器皿矣。使妇人行此，则必不能夙兴夜寐，纺绩织纴⑧，细布缭⑨。计厚葬为多埋赋财者也。计久丧为久禁从事者也。财以成者⑩，扶而埋之⑪；后得生者，而久禁之。以此求富，此譬犹禁耕而求获也，富之说无可得焉。

縑帛。

⑩以：同"已"。

⑪扶：即"持"。

【译文】

居丧守孝的办法又是怎么做的呢？是要哭泣不用平常的声音，披麻戴孝涕泪交加，住在倚庐里，睡在茅草上，枕在土块上，又竞相强忍着不吃东西而挨饿，少穿衣服而受冻，以致面目消瘦，脸色发黑，耳不聪，目不明，手脚没有力气，不可能做事。还有，士人以上的人居丧，必须得搀扶着才能起来，拄着拐杖才能走路，要这样总共三年。如果要依这种言论，实行这样的做法，要是王公大人这样做，就必定不能上早朝了。要是士大夫这样做，就无法治理五官六府，开垦荒地，充实仓库。要是农民这样做，就必定不能早出晚归，耕耘种作。要是百工这样做，就必定不能修理车船、制造器皿了。要是妇女这样做，就必定不能起早贪黑，织布缝衣。仔细想想厚葬实际是要把更多的财物埋掉，想想久丧其实是长期禁止人们从事生产。已经获得的财产，都拿来埋掉了；丧后本当产生的财产，又被长时间的禁止所消除。想用这种办法来求得富裕，就好像禁止耕种却要求有收获一样，想让国家富起来的想法是不可能达到的。

是故求以富家而既已不可矣，欲以众人民，意者可邪？其说又不可矣。今唯无以厚葬久丧者为政①，君死，丧之三年；父母死，丧之三年；妻与后子死者<sup>②</sup>，五皆丧之三年<sup>③</sup>。然后伯父叔父兄弟孽子其<sup>④</sup>；族人五月；姑姊甥舅皆有月数。则毁瘠必有制矣，使面目陷陬，颜色黧黑，耳目不聪明，手足不劲强，不可用也。又曰上士操丧也，必扶而能起，杖而能行，以此共三年。若法若言，行若道，苟其饥约，又若此矣。是故百姓冬不仞寒<sup>⑤</sup>，夏不仞暑，作疾病死者，不可胜计也。此其为败男女之交多矣。以此求众，譬犹使人负剑，而求其寿也。众之说无可得焉。

**【注释】**

①唯无：即"唯毋"，发语词。

②后子：父后之子，即长子。

③五：当为"又"字之误。

④孽子：即庶子。其：通"期"，就是服丧一年的意思。

⑤仞：通"忍"。下同。

**【译文】**

所以想以厚葬久丧来求国家的富强是不可能的了，那么想以此来增加人口，可不可以呢？这还是不行的。现在若让主张厚葬久丧者来主政，那么国君死了，必须服丧三年；父亲或母亲死了，必须服丧三年；妻子或长子死了，也都要服丧三年。然后对伯父、叔父、兄弟、庶子也要服丧一年；同族的人五个月；姑姑、姐姐、外甥、舅父等也都有规定的月数。那么，服丧中的哀毁憔悴也有规定，要使面目消瘦，脸色发黑，耳不聪，目不明，手脚没有力气，不可能做事。还有，士人以上的人居丧，必须得搀扶着才能起来，拄着拐杖才能走路，要这样总共三年。如果要依这种言论，实行这样的做法，假如他们再节衣缩食，就会变成这个样子。因此冬天百姓忍受不了寒冷，夏天百姓忍受不了暑热，生病而死的人，多得无法计算。这样做也大大妨碍了男女间的正常交合。想用这种方法来求得人口的增加，就好像让人伏在剑刃上，而期望他能长寿一样。想让人口增加的想法是不可能达到的。

是故求以众人民而既以不可矣，欲以治刑政，意者可乎？其说又不可矣。今唯无以厚葬久丧者为政，国家必贫，人民必寡，刑政必乱。若法若言，行若道，使为上者行此，则不能听治；使为下者行此，则不能从事。上不听治，刑政必乱；下不从事，衣食之财必不足。若苟不足，为人弟者求其兄而不得，不弟弟必将怨其兄矣①；为人子者求其亲而不得，不孝子必是怨其亲矣；为人臣者求之君而不得，不忠臣必且乱其上矣。是以僻淫邪行之民，出则无衣也，入则无食也，内续奚吾②，并为淫暴，而不可胜禁也。是故盗贼众而治者寡。夫众盗贼而寡治者，以此求治，譬犹使人三睘而毋负己也③。治之说无可得焉。

【注释】

①不弟弟：即不悌之弟，前一"弟"为"孝悌"之

"悌"。

②内续奚吾：续，当作"积"。奚吾，当作"奚后"，即"谟诟"，耻辱的意思。

③裒：即"还"，放还之意。

【译文】

所以想以厚葬久丧来求人口的增殖是不可能的了，那么想以此来治理刑事与政务，可不可以呢？这还是不行的。现在若让主张厚葬久丧者来主政，国家必然贫困，人民必然减少，刑事与政务必然混乱。如果要依这种言论，实行这样的做法，让在上的统治者施行厚葬久丧，他们就不能进行治理；让在下的人施行厚葬久丧，他们就不能从事生产。在上的人不能进行治理，刑事与政务必然混乱；在下的人不能从事生产，穿衣吃饭的财用就必然不足。如果财物不足，做弟弟的向他的哥哥有所求告而没有得到，那么不恭顺的弟弟就必定会抱怨他的哥哥；做儿子的向他的父母有所求告而没有得到，不孝顺的儿子也必然会抱怨他的父母；做臣子的向君主有所求告而没有得到，不忠诚的臣子就一定会犯上作乱。所以品行不端的人，出门没有衣服，进家没有粮食，内心积有耻辱之感，就会一起来发动暴乱，而且无法禁止。结果就是盗贼众多而顺民减少。增加了盗贼而减少了顺民，想以此来求得国家的治理，就好像把投奔自己的人多次遣送回去还要求他不背叛自己。想让国家得到治理的想法是不可能达到的。

是故求以治刑政，而既已不可矣，欲以禁止大国之攻小国也，意者可邪？其说又不可矣。昔者圣王既没①，天下失义，诸侯力征。南有楚、越之王，而北有齐、晋之君，此皆砥砺其卒伍，以攻伐并兼为政于天下。是故凡大国之所以不攻小国者，积委多②，城郭修，上下调和，是故大国不耆攻之③。无积委，城郭不修，上下不调和，是故大国耆攻之。今唯无以厚葬久丧者为政，国家必贫，人民必寡，刑政必乱。若苟贫，是无以为积委也；若苟寡，是修城郭沟渠者寡也；若苟乱，是出战不克，入守不固。

【注释】

①昔者圣王既没：此句前原有"是故"二字，疑衍而删。

②积委：储备的意思。少曰委，多曰积。

③耆（zhǐ）：致使。

【译文】

所以想以厚葬久丧来求治理刑事与政务是不可能的了，那么想以此来禁止大国对小国的攻伐，可不可以呢？这还是不行的。从前的圣王去世以后，天下失去了道义，诸侯以武力相征讨。南有楚、越的国王，北有齐、晋的君主，他们都训练他们的士卒，以攻伐兼并来作为号令天下的政策。因此，凡是大国之所以不攻打小国的，必定是由于这个小国粮食储备充足，城郭修筑坚固，上下和谐一心，所以大国不至于攻打它。如果粮食没有储备，城郭不修缮，上下不和谐一心，那么大国就会去攻打它。现在若让主张厚葬久丧者来主政，国家必然贫困，人民必然减少，刑事与政务必然混乱。如果国家贫穷，就没有粮食可以储备；如果人民减少，那么修筑城郭沟渠的劳力也就少了；如果治理混乱，则出战不会胜利，退守也不牢固。

此求禁止大国之攻小国也，而既已不可矣。欲以干上帝鬼神之福①，意者可邪？其说又不可矣。今唯无以厚葬久丧者为政，国家必贫，人民必寡，刑政必乱。若苟贫，是粢盛酒醴不净洁也；若苟寡，是事上帝鬼神者寡也；若苟乱，是祭祀不时度也。今又禁止事上帝鬼神，为政若此，上帝鬼神始得从上抚之曰②：我有是人也，与无是人也，孰愈？曰：我有是人也，与无是人也，无择也！则惟上帝鬼神降之罪厉之祸罚而弃之③，则岂不亦乃其所哉④？

**【注释】**

①干：向上请求。

②始得：当作"殆将"。抚：即"疾"，憎恶之意。

③惟：表让步关系的连词，相当于"即使"、"虽然"。

④乃其所：即"固其宜"之意。

**【译文】**

这种想以厚葬久丧来禁止大国攻打小国，是不可能的了，如果想用它来祷求上帝和鬼神的福佑，可不可以呢？这还是不行的。现在若让主张厚葬久丧者来主政，国家必然贫困，人民必然减少，刑事与政务必然混乱。如果国家贫穷，那么祭祀神灵的祭品就不洁净；如果人民减少，那么敬事上帝鬼神的人也就减少；如果治理混乱，那么祭祀就不能准时。现在又禁止侍奉上帝鬼神，这样来治国，上帝鬼神将会在天上憎恶地说：我有这些人，与没有这些人，哪个更好些？然后说：我有这些人，与没有这些人，没有什么区别！那么，即使上帝鬼神给他们降下疾病与祸患并抛弃他们，这岂不是他们所应该得到的吗？

故古圣王制为葬埋之法，曰：棺三寸，足以朽体；衣衾三领，足以覆恶。以及其葬也，下毋及泉，上毋通臭，垄若参耕之亩[1]，则止矣。死则既以葬矣，生者必无久哭，而疾而从事，人为其所能，以交相利也。此圣王之法也。

**【注释】**

[1]参耕之亩：古代用耜来耕地，二耜为耦，参耕即三耦所耕之地，因一耜为五寸，故三耦大约为三尺。

**【译文】**

所以，古代的圣王制定了埋葬的原则是：棺材三寸厚，能使尸体腐烂就足够了；衣服有三件，能覆盖住难看的尸体就足够了。至于下葬，只要下面不掘到泉水，上面不漏出臭气，坟墓有三尺宽，就可以了。死者既已安葬，活着的人就不要长久地哭泣，而应该赶快做事，每个人都做自己能做的事，并用来使大家互相获利。这就是圣王的原则啊。

今执厚葬久丧者之言曰：厚葬久丧虽使不可以富贫众寡，定危治乱，然此圣王之道也。子墨子曰：不然。昔者尧北教乎八狄，道死，葬蛩山之阴，衣衾三领，榖木之棺，葛以缄之。既沘而后哭①，满坎无封②，已葬，而牛马乘之。舜西教乎七戎，道死，葬南己之市，衣衾三领，榖木之棺，葛以缄之，已葬，而市人乘之。禹东教乎九夷，道死，葬会稽之山，衣衾三领，桐棺三寸，葛以缄之，绞之不合，道之不坎③，土地之深④，下毋及泉，上毋通臭。既葬，收余壤其上，垄若参耕之亩，则止矣。若以此若三圣王者观之，则厚葬久丧果非圣王之道。故三王者，皆贵为天子，富有天下，岂忧财用之不足哉？以为如此葬埋之法。

【注释】

①沘：当为"犯"，即"窆"字，把棺材下葬的意思。

②坎：墓道。

③道：即为"导"。

④土：当为"掘"。

【译文】

现在坚持主张厚葬久丧的人说：厚葬久丧虽然不能够使穷困的变富裕、使人口增多、转危为安、由乱而治，但这是圣王之道。墨子说：不是这样。从前尧到北方教化八狄这样的少数民族，死在路上，埋葬在蛩山的北面，随葬的衣服与被褥只有三件，用很差的木料做棺材，用葛藤捆绑起来，下葬之后才开始哀哭，用土填平墓道而不起坟堆，葬完之后，牛马还照常在上面行走。舜到西方教化七戎这样的少数民族，死在路上，埋葬在南己的市场中，随葬的衣服和被褥只有三件，用很差的木料做棺材，用葛藤捆绑起来，葬完之后，市人还照常在上面行走。禹到东方教化九夷这样的少数民族，死在路上，埋葬在会稽山上，随葬的衣服和被褥只有三件，用很差的桐木做成的棺材只有三寸厚，用葛藤捆绑起来，虽然捆绑了但并不密合，也不修饰墓道，掘地的深度，下不到达泉水，上不漏出臭气。下葬之后，把剩余的泥土堆积在上边，坟墓大约有三尺宽，就可以了。如果拿这里的三圣王来看，那就可知厚葬久丧的确不是圣王所行之道。这三位圣王都贵为天子，富有天下，哪里会担心财物不够用呢？这就是他们葬埋的原则。

今王公大人之为葬埋，则异于此。必大棺中棺，革阓三操<sup>①</sup>，璧玉即具，戈剑鼎鼓壶滥，文绣素练，大鞅万领<sup>②</sup>，舆马女乐皆具。曰必捶埲差通<sup>③</sup>，垄虽兄山陵<sup>④</sup>。此为辍民之事，靡民之财，不可胜计也，其为毋用若此矣。

**【注释】**

①阓：通"鞼（guì）"，有纹饰的皮革。操：当为"累"。

②大鞅（yāng）：当为"衣衾"。

③捶埏（tú）差通：当为"捶涂羡道"。捶，捣土让它坚硬。涂，装饰的意思。羡道，即墓道。

④虽：当为"碓"。兄：当为"况"。

**【译文】**

现在的王公大人们处理埋葬的事，却与此不同。必定要有大棺，也要有中棺，还要用有纹饰的皮革缚结很多遍，璧玉都已齐备，还有戈、剑、鼎、鼓、壶、盆，以及绣花衣与白色丝带，衣服与被褥有万件之多，车马与女乐也都得齐备。还要将墓道捶实、装饰漂亮，坟堆雄伟高大就如山陵。这荒废人民的生产，耗费人民的资财，是无法计算的，这种厚葬久丧就是这样毫无用处。

是故子墨子曰：乡者①，吾本言曰，意亦使法其言，用其谋，计厚葬久丧，请可以富贫众寡，定危治乱乎，则仁也，义也，孝子之事也。为人谋者，不可不劝也。意亦使法其言，用其谋，若人厚葬久丧，实不可以富贫众寡，定危治乱乎，则非仁也，非义也，非孝子之事也。为人谋者，不可不沮也。是故求以富国家，甚得贫焉；欲以众人民，甚得寡焉；欲以治刑政，甚得乱焉；求以禁止大国之攻小国也，而既已不可矣；欲以干上帝鬼神之福，又得祸焉。上稽之尧、舜、禹、汤、文、武之道而政逆之②，下稽之桀、纣、幽、厉之事，犹合节也。若以此观，则厚葬久丧，其非圣王之道也。

**【注释】**

①乡：通"向"。

②政：通"正"。

**【译文】**

所以，墨子说：以前，我曾经说过，假如要依这种言论，采用这样的计划，考虑一下厚葬久丧，果然可以使穷困的变富裕、使人口增多、能转危为安、由乱而治，这就的确是仁，是义，是孝子应做的事。为别人出谋划策的人就不能不勉励人们这样做。如果依照他们的说法，采用他们的谋划，人们厚葬久丧却实在不能使穷困的变富裕、使人口增多、转危为安、由乱而治，这就不是仁，不是义，也不是孝子应做的事。为别人出谋划策的人就不能不阻止人们这样做。因此，想以厚葬久丧来求得国家的富足，却反而更加贫困；想以此使人丁兴旺，却反而更加稀少；想以此治理刑事与政务，却反而更加混乱；想以此禁止大国攻打小国，却终究是不可能的；想以此来祷求上帝与鬼神降福，却又得到了灾祸。向上考察尧、舜、禹、汤、周文王、周武王的原则却恰恰与此相反，向下考察夏桀、商纣、周幽王、周厉王的行事，却与此合若符节。如果由此来看，可见厚葬久丧决非圣王所遵循的原则了。

今执厚葬久丧者言曰：厚葬久丧，果非圣王之道，夫胡说中国之君子为而不已，操而不择哉①？子墨子曰：此所谓便其习而义其俗者也②。昔者越之东有輆沐之国者③，其长子生，则解而食之，谓之宜弟④。其大父死，负其大母而弃之，曰鬼妻不可与居处。此上以为政，下以为俗，为而不已，操而不择，则此岂实仁义之道哉？此所谓便其习而义其俗者也。楚之南有炎人国者，其亲戚死⑤，朽其肉而弃之，然后埋其骨，乃成为孝子。秦之西有仪渠之国者，其亲戚死，聚柴薪而焚之，熏上，谓之登遐，然后成为孝子。此上以为政，下以为俗，为而不已，操而不择，则此岂实仁义之道哉？此所谓便其习而义其俗者也。若以此若三国者观之，则亦犹薄矣，若以中国之君子观之，则亦犹厚矣。如彼则大厚，如此则大薄，然则葬埋之有节矣。故衣食者，人之生利也，然且犹尚有节；葬埋者，人之死利也，夫何独无节于此乎。子墨子制为葬埋之法曰：棺三寸，足以朽骨；衣三领，足以朽肉；掘地之深，下无菹漏⑥，气无发泄于上，垄足以期其所⑦，则止矣。哭往哭来，反从事乎衣食之财，俱乎祭祀⑧，以致孝于亲。故曰：子墨子之法，不失死生之利者，此也。

**【注释】**

①择：当作"释"，舍弃之意。

②义：当为"宜"。

③𫐐（kǎi）沐：古国名，传说其国有吃子的风俗。

④宜：保佑的意思。

⑤亲戚：古人称双亲为"亲戚"。

⑥菹：通"沮"，湿润的意思。

⑦期：当为"朝"。

⑧佴（èr）：即"资"。

**【译文】**

如今坚持厚葬久丧主张的人说：厚葬久丧若真不是圣王遵循的原则，那怎么解释中原的君子照这样做而不停止、实行而不舍弃呢？墨子说：这就是所谓的适应习惯、安于风俗啊。从前越国东面有个国家叫𪚣沐，他们生下长子后，就把他肢解了吃掉，据说这样可以保佑后出生的弟弟。他们的祖父死了，他们就背起祖母抛弃，说她是鬼的妻子，不能和她住在一起。这些被其君主拿来当政，民众则习以为俗，照这样做而不停止，实行而不舍弃，但这难道确实是仁义之道吗？这其实就是所谓的适应习惯、安于风俗啊。楚国的南面有一个炎人国，他们的父母死后，把肉剔下来扔掉，然后埋葬死者的骨头，这样才是孝子。秦国西边有一个仪渠国，他们的父母死后，要堆积木柴来焚烧尸体，烟雾上升，被认为是死者升天了，这样做了才能成孝子。这些被其君主拿来当政，民众则习以为俗，照这样做而不停止，实行而不舍弃，但这难道确实是仁义之道吗？这其实就是所谓的适应习惯、安于风俗啊。假如以这三个国家来看，那就埋葬得太简薄了，如果以中原君子来看，却又太铺张了。像那样则太铺张，像这样又太简薄，那么，丧葬是应该有节制的。衣食是人们活着的时候所需要的利益，尚且要有一定的节制；埋葬是人们死后所需要的利益，为什么就单单在这里没有节制呢？墨子制定埋葬的原则是这样的：棺材只需要三寸厚，足以使尸骨腐朽；衣服只要三件，足以使肌肉腐朽；挖掘墓穴的深度，只要下边不会渗水，上边不泄漏气味，坟堆足以标识所在之处，就可以了。哭着送去，哭着回来，回来后要努力于衣食之物的生产，资助祭祀，并用来孝顺双亲。所以说：墨子制定的原则，不会损害死者与生者的利益，原因就在这里。

故子墨子言曰：今天下之士君子，中请将欲为仁义①，求为上士，上欲中圣王之道，下欲中国家百姓之利，故当若节丧之为政，而不可不察者，此也。

**【注释】**

①请：当为"诚"。

**【译文】**

所以墨子说：当今天下的士人君子，内心果真想行仁义之道，做上等的贤士，上要符合圣王之道，下要符合国家与百姓的利益，所以就应当以节葬的办法来施政，这是不可不注意的，原因就在这里啊。

# 天志上

　　每一个思想家都必须有一个最为核心的思想，其他具体的思想主张无不导源于此。墨子的"天志观"就是墨子思想的逻辑起点。"天志观"认为天是有意志的，正因如此，他的很多主张才找到了最终的证明，如法仪、尚同、兼爱、非攻等，其逻辑的最后阵地无不落脚于此；而像辞过、尚贤、节用、节葬等也都通过圣王而间接源于此。可见，这一主张虽然不像兼爱、非攻那么有名，却非常重要。当然，像这样的主张我们是不能简单地拿唯心主义还是唯物主义去评判，因为他的这一观点并不是目的本身，而是为其他主张找到逻辑原点。

子墨子言曰：今天下之士君子知小而不知大。何以知之？以其处家者知之。若处家得罪于家长，犹有邻家所避逃之①。然且亲戚、兄弟、所知识，共相儆戒，皆曰：不可不戒矣！不可不慎矣！恶有处家而得罪于家长而可为也？非独处家者为然，虽处国亦然。处国得罪于国君，犹有邻国所避逃之。然且亲戚、兄弟、所知识，共相儆戒，皆曰：不可不戒矣！不可不慎矣！谁亦有处国得罪于国君，而可为也？此有所避逃之者也，相儆戒犹若此其厚，况无所避逃之者，相儆戒岂不愈厚，然后可哉？且语言有之曰：焉而晏日，焉而得罪，将恶避逃之？曰无所避逃之。夫天不可为林谷幽门无人②，明必见之。然而天下之士君子之于天也，忽然不知以相儆戒，此我所以知天下士君子知小而不知大也。

【注释】

①所：即"可"。

②门：当为"闲"。

【译文】

　　墨子说：当今天下的士人君子知道小道理却不知道大道理。怎么知道是这样的呢？从他们处身于家族中的情况就可以知道。如果处身于家族而得罪了家长，还有邻居家里可以逃避。但是父母、兄弟及其所认识的人，他们互相警诫，都说：不能不戒备呀！不能不谨慎呀！哪里有处身家族得罪了家长还可以有作为呢？不仅仅是处身家族才这样，就是处身国家也是这样。处身国家却得罪了国君，还有邻国可以逃避。但是父母、兄弟及其所认识的人，他们互相警诫，都说：不能不戒备呀！不能不谨慎呀！有谁能处身于国家得罪了国君还可以有作为呢？这还是有地方可逃避的人，他们相互警诫还这样严重，何况于没有地方可逃的情况呢，相互警诫岂不应该更加严重，然后才可以吗？况且有古语这样说：在光天化日之下，犯了罪，想往哪儿逃呢？回答是无处可逃。上天不可能忽略森林山谷及幽闲隐僻无人居住的地方，它明察秋毫都能看到。然而天下的士人君子对于上天，却忽视并不知道相互警诫了，这就是我之所以认定天下士人君子只知道小道理却不知道大道理的原因。

然则天亦何欲何恶？天欲义而恶不义。然则率天下之百姓以从事于义，则我乃为天之所欲也。我为天之所欲，天亦为我所欲。然则我何欲何恶？我欲福禄而恶祸祟。若我不为天之所欲而为天之所不欲，然则我率天下之百姓以从事于祸祟中也。然则何以知天之欲义而恶不义？曰天下有义则生，无义则死；有义则富，无义则贫；有义则治，无义则乱。然则天欲其生而恶其死，欲其富而恶其贫，欲其治而恶其乱，此我所以知天欲义而恶不义也。

**【译文】**

那么上天喜欢什么厌恶什么呢？上天喜欢义而厌恶不

义。那么率领天下百姓来做合乎义的事，我就是在做上天喜欢的事。我做上天喜欢的事，上天也做我喜欢的事。那么我又喜欢什么厌恶什么呢？我喜欢福禄而厌恶祸患。如果我不去做上天喜欢的事，而去做上天所不喜欢的事，那我就是率领天下百姓跑到祸患中去做事了。但是又怎么知道上天喜欢义而厌恶不义呢？回答是：天下有义的人生存，无义的人死亡；有义的人富贵，无义的人贫贱；有义就安定，无义就混乱。而上天是希望人类生存而不希望人类死亡，希望人类富有而不希望人类贫贱，希望社会安定而不希望社会混乱，这就是我所知道的上天喜欢义而厌恶不义的原因。

曰：且夫义者政也<sup>①</sup>，无从下之政上，必从上之政下。是故庶人竭力从事，未得次己而为政<sup>②</sup>，有士政之。士竭力从事，未得次己而为政，有将军大夫政之。将军大夫竭力从事，未得次己而为政，有三公诸侯政之。三公诸侯竭力听治，未得次己而为政，有天子政之。天子未得次己而为政，有天政之。天子为政于三公、诸侯、士、庶人，天下之士君子固明知，天之为政于天子，天下百姓未得之明知也。故昔三代圣王禹、汤、文、武，欲以天之为政于天子，明说天下之百姓，故莫不犓牛羊，豢犬彘，洁为粢盛酒醴，以祭祀上帝鬼神，而求祈福于天<sup>③</sup>，我未尝闻天下之所求祈福于天子者也<sup>④</sup>，我所以知天之为政于天子者也。

**【注释】**

①政：通"正"，即匡正的意思。下同。

②次：即"恣"，任意的意思。下同。

③祈：当为"祉"字。下同。

④天下之所求：当为"天之下求"。

**【译文】**

再说，义，就是匡正的意思，不能以下正上，必须是以上正下。所以普通人努力做事，但不能放任自己去做，有士人匡正他们。士人努力做事，也不能放任自己去做，有将军和大夫来匡正他们。将军和大夫努力做事，也不能放任自己去做，有三公和诸侯来匡正他们。三公和诸侯努力地听政治国，也不能放任自己去做，有天子来匡正他们。天子也并不能放任自己去做，有上天来匡正他。天子匡正三公、诸侯、士人、民众，天下的士人君子本来就很清楚地知道，而上天匡正天子，天下百姓就不能明确地知道。所以从前有夏、商、周三代的圣王禹、汤和周文王、周武王，想把上天匡正天子的事，明白地告诉天下的百姓，因此没有人不养牛羊，喂猪狗，准备清洁的祭品，用来祭祀上帝鬼神，从而祈求上天降下福祉，我从来没有听说上天向下祈求天子降福祉，因此我知道上天是治理匡正天子的。

故天子者，天下之穷贵也，天下之穷富也。故于富且贵者①，当天意而不可不顺。顺天意者，兼相爱，交相利，必得赏。反天意者，别相恶，交相贼，必得罚。然则是谁顺天意而得赏者？谁反天意而得罚者？子墨子言曰：昔三代圣王禹、汤、文、武，此顺天意而得赏也；昔三代之暴王桀、纣、幽、厉，此反天意而得罚者也。然则禹、汤、文、武其得赏何以也？子墨子言曰：其事上尊天，中事鬼神，下爱人。故天意曰：此之我所爱，兼而爱之；我所利，兼而利之。爱人者，此为博焉；利人者，此为厚焉。故使贵为天子，富有天下，业万世子孙<sup>②</sup>，传称其善。方施天下<sup>③</sup>，至今称之，谓之圣王。然则桀、纣、幽、厉得其罚何以也？子墨子言曰：其事上诟天，中诬鬼，下贼人。故天意曰：此之我所爱，别而恶之；我所利，交而贼之。恶人者，此为之博也；贼人者，此为之厚也。故使不得终其寿，不殁其世。至今毁之，谓之暴王。

**【注释】**

①于：即"欲"字。

②业：此字当为衍文。

③方：即"旁"字。

**【译文】**

　　因此天子是全天下最尊贵的人，也是全天下最富有的人。所以想要大富大贵的人，对于天意不可不顺从。顺从天意的人，相互关爱，交相得利，必定会得到奖赏。违反天意的人，互相厌恶，交相残害，必定会得到处罚。那么是谁顺从了天意而得到奖赏了？又是谁违反了天意而得到惩罚了呢？墨子说：从前夏、商、周三代的圣王禹、汤、周文王、周武王，他们是顺从了天意而得到奖赏的人；从前夏、商、周三代的暴君夏桀、商纣、周幽王、周厉王，他们是违反了天意而得到惩罚的人。然而禹、汤、周文王、周武王他们得到奖赏是因为什么呢？墨子说：他们做事，上尊敬上天，中敬奉鬼神，下关爱民众。所以天意说：他们对于我所爱的，没有区别全都关爱；对于我所使之受益的，也都让他们受益。关爱别人，这是最为博大的；使别人受益，这是最为深厚的。因此使他们贵为天子，富有天下，子孙万代，传颂他们的美德。再把这美德施行于天下，到现在还为人们所称扬，称他们为圣王。那么夏桀、商纣、周幽王、周厉王他们得到惩罚是因为什么呢？墨子说：他们做事，上辱骂上天，中欺诈鬼神，下残害民众。所以天意说：他们对于我所爱的，有所区别而憎恶；对于我所使之受益的，加以残害。憎恶别人，这是最为广泛的；残害别人，这是最为深重的。所以使他们不能享受完他们的寿命，让他们不得好死。直到现在人们还在谴责他们，称他们为暴君。

　　然则何以知天之爱天下之百姓？以其兼而明之①。何以知其兼而明之？以其兼而有之。何以知其兼而有之？以其兼而食焉。何以知其兼而食焉？曰：四海之内，粒食之民，莫不犓牛羊，豢犬彘，洁为粢盛酒醴，以祭祀于上帝鬼神。天有邑人，何用弗爱也？且吾言杀一不辜者必有一不祥。杀不辜者谁也？则人也。予之不祥者谁也？则天也。若以天为不爱天下之百姓，则何故以人与人相杀而天予之不祥？此我所以知天之爱天下之百姓也。

【注释】

①明：成的意思。

【译文】

那么又怎么知道上天是爱天下百姓的呢？因为他不加区别地使他们成长。怎么知道他不加区别地使他们成长呢？因为他不加区别地包容。怎么知道他不加区别地包容呢？因为他不加区别地养育。怎么知道他不加区别地养育呢？原因是：四海之内，凡是吃粮食的民众，没有人不养牛羊，喂猪狗，做洁净的祭品，来祭祀上帝鬼神。上天拥有下民，怎么会不爱他们呢？况且我说过，杀死一个无辜的人必定会有一桩灾祸。杀害无辜的是谁呢？是人啊。降下灾祸的又是谁呢？是上天啊。如果以为上天不爱天下的百姓，那为什么人和人相互残杀而上天来降下灾祸呢？这就是我知道上天爱天下百姓的原因啊。

顺天意者，义政也；反天意者，力政也。然义政将奈何哉？子墨子言曰：处大国不攻小国，处大家不篡小家，强者不劫弱，贵者不傲贱，多诈者不欺愚。此必上利于天，中利于鬼，下利于人。三利无所不利，故举天下美名加之，谓之圣王。力政者则与此异，言非此，行反此，犹倖驰也①。处大国攻小国，处大家篡小家，强者劫弱，贵者傲贱，多诈欺愚。此上不利于天，中不利于鬼，下不利于人。三不利无所利，故举天下恶名加之，谓之暴王。

**【注释】**

①倍：当为"僢（chuǎn）"，即背的意思。

**【译文】**

顺从天意的政治是以义服人的政治，违反天意的政治是以力服人的政治。那么以义服人的政治是怎么做的呢？墨子说：处于大国的地位而不攻打小国，处于大家族的地位而不掠夺小家族，强者不胁迫弱者，尊贵的人不傲视低贱的人，狡诈的人不欺骗憨厚的人。这必定上有利于天，中有利于鬼神，下有利于人民。做到这三利就会无所不利，所以把天下美好的名称加在他的身上，称他为圣王。而以力服人的政治却与此不同，他们言论上攻击义，行动上违反义，就像背道而驰一样。处于大国的地位就会攻打小国，处于大家族的地位就会掠夺小家族，强者胁迫弱者，尊贵的人傲视低贱的人，狡诈的人欺骗憨厚的人。这上不利于天，中不利于鬼神，下不利于人民。这三者不利就会什么都不利，所以把天下丑恶的名字加在他的身上，称他为暴君。

子墨子言曰：我有天志，譬若轮人之有规，匠人之有矩。轮匠执其规矩，以度天下之方圜，曰：中者是也，不中者非也。今天下之士君子之书，不可胜载，言语不可尽计，上说诸侯，下说列士，其于仁义则大相远也。何以知之？曰：我得天之明法以度之①。

【注释】

①天之：原作"天下之"。

【译文】

墨子说：我有天的意志，就像做车轮的人有了圆规，匠人有了矩尺。做车轮的人与工匠拿着他们的圆规和矩尺，来测量天下的方形与圆形，说：符合的就是方或圆，不符合的就不是。现在天下的士人君子的书很多，车都装不完，言语也多到无法计算，对上游说诸侯，对下游说士人们，但他们距离仁义却太远了。根据什么知道的呢？回答是：我用天的明法来衡量他们。

# 明鬼下

　　与墨子的"天志观"一样，这一篇同样是用唯心主义的外壳装饰了墨子改造社会的良苦用心。在文章中，墨子非常雄辩地向假设的论敌证明鬼神的存在，而且他理直气壮地说，鬼神的存在应该以人的耳闻目见为据，所以，他举了很多例证，其实，这些例证都是墨子的取巧，因为古代典籍的记载并不真实，但没有人能够证实。

　　其实，从其论述的一个漏洞便可以看出他的"明鬼"不过是一种整顿社会秩序的信仰，而非他确实相信的宗教。他说圣王既没，天下失义，于是出现了民为淫暴寇乱盗贼的现象，他认为这些现象的产生就在于人们不相信鬼神的存在，当然也不相信鬼神可以赏善罚恶，所以希望天下人相信鬼神的存在从而达到天下大治。其实，若是真的相信的话，也不用怕别人不信，因为鬼神可以来惩罚那些作恶的人。所以，这只是一种策略。

子墨子言曰：逮自昔三代圣王既没，天下失义，诸侯力正。是以存夫为人君臣上下者之不惠忠也，父子弟兄之不慈孝弟长贞良也。正长之不强于听治，贱人之不强于从事也。民之为淫暴寇乱盗贼，以兵刃毒药水火，退无罪人乎道路率径①，夺人车马衣裘以自利者并作，由此始，是以天下乱。此其故何以然也？则皆以疑惑鬼神之有与无之别，不明乎鬼神之能赏贤而罚暴也。今若使天下之人偕若信鬼神之能赏贤而罚暴也，则夫天下岂乱哉！

**【注释】**

①退：当为"迒"，即"御"，有袭击的意思。率径：当读为"术径"，在古代，术为车行的道路，而径为步行的道路。

**【译文】**

　　墨子说：自从当初夏商周三代的圣王去世以后，天下就失去了道义，诸侯以武力相征讨。所以出现了君主对于臣子没有恩惠、臣子对君主没有忠心，父对子不慈爱、兄对弟不关心、子对父不孝顺、弟对兄不恭敬的现象。各级行政长官不努力于政事，平民不努力生产。民众中变为淫暴的流寇与作乱的盗贼，用兵器、毒药、水火，在大小道路上袭击无辜的人，抢夺别人的车马衣服来为自己谋得利益的人全部出现了，从这时起，天下就大乱了。这是什么原因呢？都是因为人们还疑惑不定于鬼神究竟是有是无，也不了解鬼神能赏贤罚暴。现在如果天下的人都相信鬼神能赏贤罚暴，那么天下怎么还会混乱！

今执无鬼者曰：鬼神者固无有。旦暮以为教诲乎天下，疑天下之众，使天下之众皆疑惑乎鬼神有无之别，是以天下乱。是故子墨子曰：今天下之王公大人士君子，实将欲求兴天下之利，除天下之害，故当鬼神之有与无之别，以为将不可不明察此者也。既以鬼神有无之别，以为不可不察已，然则吾为明察此，其说将奈何而可？子墨子曰：是与天下之所以察知有与无之道者，必以众之耳目之实知有与亡为仪者也。请惑闻之见之①，则必以为有，莫闻莫见，则必以为无。若是，何不尝入一乡一里而问之，自古以及今，生民以来者，亦有尝见鬼神之物，闻鬼神之声，则鬼神何谓无乎？若莫闻莫见，则鬼神可谓有乎？

**【注释】**

①请惑：即"诚或"。请，通"情"。

**【译文】**

现在坚持无鬼论的人说：鬼神本来就是没有的。而且从早到晚拿这些话来宣扬于天下，惑乱天下民众，使得天下的人都对于鬼神有无的辨别产生了疑惑，因此天下大乱。所以墨子说：当今天下的王公大人和士人君子，确实想要兴起天下之利，而除去天下之害，那么对于鬼神有无的辨别，就是不可不考察清楚的。既然鬼神之有无的问题，是不可不考察清楚的，那么我为了说明这个问题，将怎样论证才行呢？墨子说：凡是天下要考察有无的原则，必定是以众人耳目所见所闻的实情以知有无来作为标准的。确实有人听见了、看见了，那就肯定是有，从未听见过、看见过，那就必定是无。如果这样，为什么不到一个乡里去问问，从古到今，自有人以来，曾经有人见过鬼神的形状，听到过鬼神的声音，那么怎么能说鬼神是没有的呢？如果没有人听到过、见到过，那怎么能说鬼神是有的呢？

今执无鬼者言曰：夫天下之为闻见鬼神之物者，不可胜计也。亦孰为闻见鬼神有无之物哉？子墨子言曰：若以众之所同见与众之所同闻，则若昔者杜伯是也。周宣王杀其臣杜伯而不辜。杜伯曰：吾君杀我而不辜，若以死者为无知，则止矣；若死而有知，不出三年，必使吾君知之。其三年①，周宣王合诸侯而田于圃②，田车数百乘，从数千，人满野。日中，杜伯乘白马素车，朱衣冠，执朱弓，挟朱矢，追周宣王，射之车上，中心折脊，殪车中③，伏弢而死④。当是之时，周人从者莫不见，远者莫不闻，著在周之春秋。为君者以教其臣，为父者以警其子，曰：戒之！慎之！凡杀不辜者，其得不祥，鬼神之诛，若此之憯遬也⑤！以若书之说观之，则鬼神之有，岂可疑哉？

【注释】

①其：同"期"。

②田：打猎。

③殪：仆倒。

④弢：弓套。

⑤憯遫（cǎnsù）：快速的意思。

【译文】

现在坚持无鬼论的人说：全天下说听到看到鬼神声音与形状的人多得数不清。但究竟是谁听到看到了鬼神呢？墨子说：如果要以众人共同看到并共同听到为准，那么从前杜伯的事就是这样的例证。周宣王杀死了他的臣子杜伯，而杜伯是无辜的。杜伯说：我的君王要杀我，但我是无辜的，如果人死后没有知觉了，那也就罢了；如果人死了还有知觉，那么不出三年，必定要让我的君王知道。三年之后，周宣王会合诸侯在猎场打猎，打猎的车子有几百辆，随从有几千人，遍布田野。到了中午，杜伯乘着白马素车，穿戴红色的衣帽，握着红色的弓，挟着红色的箭，追赶周宣王，在车上射中了他，周宣王被射中心窝，折断了脊骨，倒在车中，伏在弓袋上死了。那个时候，随从的周人无人不见，远方的人也无人不闻，并被记录在周朝的史书上。当君主的用此来教育他的臣子，做父亲的用此来警诫他的儿子，说：要戒惧啊！要谨慎啊！凡是杀害无辜之人的，就会得到不祥的结果，遭受鬼神的惩罚，就像这件事这样快啊！从这部书的记载来看，鬼神的存在还有什么可怀疑的呢？

非惟若书之说为然也，昔者郑穆公①，当昼日中处乎庙②，有神入门，而左鸟身③，素服三绝④，面状正方。郑穆公见之，乃恐惧，奔。神曰：无惧！帝享女明德，使予锡女寿十年有九⑤，使若国家蕃昌，子孙茂，毋失。郑穆公再拜稽首曰：敢问神名？曰：予为句芒⑥。若以郑穆公之所身见为仪，则鬼神之有，岂可疑哉？

【注释】

①郑穆公：据考当作"秦穆公"。下同。

②当：通"尝"，曾经。

③而左：当为"人面"二字讹而互乙者。

④三绝：当作"玄纯"。

⑤锡：即"赐"。

⑥句芒：古代传说中的木神，也是春天之神。

【译文】

　　不只这部书的说法是这样的，从前，秦穆公有一天中午正在宗庙里，有一位神人进门，长着人的脸面、鸟的身子，素色的衣服上镶着黑边，脸形方正。秦穆公见到他，就因害怕而想逃跑。神说：不用害怕！上帝赞赏你的道德，让我赐给你十九年寿命，使你的国家昌盛，子孙繁茂，不会失去国家。秦穆公拜了两拜，叩头说：敢问尊神大名？回答说：我是句芒神。如果以秦穆公亲身经历的事为准则，那么鬼神的存在，还有什么可怀疑的呢？

　　非惟若书之说为然也，昔者，燕简公杀其臣庄子仪而不辜。庄子仪曰：吾君王杀我而不辜，死人毋知亦已，死人有知，不出三年，必使吾君知之。期年，燕将驰祖①。燕之有祖，当齐之社稷，宋之有桑林，楚之有云梦也②，此男女之所属而观也。日中，燕简公方将驰于祖涂③，庄子仪荷朱杖而击之，殪之车上。当是时，燕人从者莫不见，远者莫不闻，著在燕之春秋。诸侯传而语之曰：凡杀不辜者，其得不祥，鬼神之诛，若此其憯遫也！以若书之说观之，则鬼神之有，岂可疑哉？

【注释】

①祖：祖泽，燕国大湖的名字，也称为"沮"，是燕国祭祀之地。

②"当齐之社稷"三句：社稷、桑林、云梦，本指齐、宋、楚三国的三个地方，此指三国在这些地方的祭祀活动。

③涂：道路。

【译文】

　　不只这部书的说法是这样的，从前，燕简公杀死他的臣子庄子仪，而庄子仪是无辜的。庄子仪说：我的君王要杀我，而我是无辜的，死了的人若没有知觉就罢了，死后若有知觉，不出三年，必定要让我的君王知道。一年之后，燕国人要坐车到祖泽去祭祠。燕国到祖泽祭祀的活动，就像齐国到社稷、宋国到桑林、楚国到云梦去祭祀一样，这是男女百姓聚集在一起观赏的事情。到了中午，燕简公刚要坐车到祖泽去，庄子仪扛着红色的木棒来打他，燕简公仆倒在车上。在那个时候，随从的燕人无人不见，远方的人也无人不闻，并被记录在燕国的史书上。诸侯间谈论起此事来，都说：凡是杀害无辜之人的，就会得到不祥的结果，遭受鬼神的惩罚，就像这件事这样快啊！从这部书的记载来看，鬼神的存在还有什么可怀疑的呢？

非惟若书之说为然也，昔者，宋文君鲍之时<sup>①</sup>，有臣曰祏观辜<sup>②</sup>，固尝从事于厉<sup>③</sup>。祩子杖揖出<sup>④</sup>，与言曰：观辜！是何珪璧之不满度量，酒醴粢盛之不净洁也，牺牲之不全肥，春秋冬夏选失时<sup>⑤</sup>，岂女为之与？意鲍为之与？观辜曰：鲍幼弱，在荷缲之中<sup>⑥</sup>，鲍何与识焉。官臣观辜特为之。祩子举揖而槀之<sup>⑦</sup>，殪之坛上。当是时，宋人从者莫不见，远者莫不闻，著在宋之春秋。诸侯传而语之曰：诸不敬慎祭祀者，鬼神之诛，至若此其憯遫也！以若书之说观之，鬼神之有，岂可疑哉？

【注释】

① 宋文君鲍：指宋文公，他名叫鲍。

② 祏观辜：祏，当为"祝"字，掌管祭祀的人。观辜，此人的名字。

③ 厉：祭祀没人祭祀的鬼。

④ 祩（zhū）子：指有神灵附体的巫师。揖：当为

"楫"。

⑤选：即"献"，指祭祀。

⑥荷缌："荷"当为"葆"字，葆缌，即禓褓。

⑦稟：同"敲"。

**【译文】**

不只这部书的说法是这样的，从前，宋文公鲍的时候，有个祝人叫观辜，曾经掌管宋国的祭祀。有一次，一个被神灵附体的巫师手持船桨走出来，对他说：观辜，为什么祭祀用的宝玉不合规格和分量，祭祀的酒与食物也不洁净，祭祀的牲畜不完整也不肥美，春夏秋冬四季的祭祀不能按时进行，这是你干的呢，还是鲍干的？观辜说：鲍还很小，尚在禓褓之中，他哪里会知道这个呢。这是专管此事的臣子观辜我特意这么做的。巫师举桨就打观辜，把他打死在祭坛上。在那个时候，随从的宋人无人不见，远方的人也无人不闻，并被记录在宋国的史书上。诸侯间谈论起此事来，都说：凡是不恭敬谨慎对待祭祀的人，鬼神的惩罚，就像这件事这样快啊！从这部书的记载来看，鬼神的存在还有什么可怀疑的呢？

　　非惟若书之说为然也，昔者，齐庄君之臣有所谓王里国、中里徼者，此二子者，讼三年而狱不断。齐君由谦杀之①，恐不辜；犹谦释之，恐失有罪。乃使二人共一羊，盟齐之神社。二子许诺。于是泏洫②，㧅羊而漉其血③。读王里国之辞，既已终矣。读中里徼之辞，未半也，羊起而触之，折其脚，桃神之④，而椇之，殪之盟所。当是时，齐人从者莫不见，远者莫不闻，著在齐之春秋。诸侯传而语之曰：请品先不以其请者⑤，鬼神之诛，至若此其憯遬也。以若书之说观之，鬼神之有，岂可疑哉？是故子墨子言曰：虽有深谿博林，幽涧毋人之所，施行不可以不董⑥，见有鬼神视之。

半，死羊突然跳起来用头抵他，折断了他的脚，守神祠的人看到羊显灵了，就来打中里徼，把他打死在盟誓的地方。在那个时候，随从的齐人无人不见，远方的人也无人不闻，并被记录在齐国的史书上。诸侯间谈论起此事来，都说：凡是设盟誓却不诚实的，鬼神的惩罚，就像这件事这样快啊！从这部书的记载来看，鬼神的存在还有什么可怀疑的呢？所以墨子说：即使处于深山老林之中，幽僻隔绝无人居住的地方，行事也不可不谨慎，因为有鬼神在注视着你。

今执无鬼者曰：夫众人耳目之请，岂足以断疑哉？奈何其欲为高君子于天下①，而有复信众之耳目之请哉？子墨子曰：若以众之耳目之请，以为不足信也，不以断疑，不识若昔者三代圣王尧、舜、禹、汤、文、武者，足以为法乎？故于此乎，自中人以上皆曰：若昔者三代圣王，足以为法矣。若苟昔者三代圣王足以为法，然则姑尝上观圣王之事。昔者，武王之攻殷诛纣也，使诸侯分其祭曰：使亲者受内祀②，疏者受外祀③。故武王必以鬼神为有，是故攻殷诛纣，使诸侯分其祭。若鬼神无有，则武王何祭分哉？

【注释】
①高：当作"高士"。
②内祀：古代庙祭之一，指以同姓立国者，可以行此祭祀。

③外祀：在国都外祭祀山川，指以异姓立国者所行之
祭祀。

【译文】

现在坚持无鬼论的人说：普通人耳闻目见的情形，哪
里足以解决疑惑呢？怎么会有人想成为天下的高人君子，
却又去相信普通人耳闻目见的情形呢？墨子说：如果认为
普通人耳闻目见的情形不足以相信，不能用来解决疑惑的
话，不知道像从前夏商周三代的圣王，如尧、舜、禹、汤、
周文王、周武王，能不能拿来做判断的标准呢？对于这一
点，一般中等以上的人都会说：像从前夏商周三代的圣王，
那是足以作为标准的。如果从前夏商周三代的圣王足以作
为标准，那么就姑且向上看看圣王之事吧。从前，周武王
攻打殷商并诛杀商纣王的时候，命令诸侯分掌殷商的祭祀，
说：让同姓诸侯祀于先祖庙宇，让异姓诸侯祀于山川。因
此，周武王必定认为鬼神是存在的，所以攻打殷商并诛杀
商纣王之后，让诸侯来分掌殷商的祭祀。如果没有鬼神，
周武王何必命令诸侯分掌祭祀呢？

非惟武王之事为然也。故圣王其赏也必于祖，
其僇也必于社①。赏于祖者何也？告分之均也；僇
于社者何也？告听之中也。非惟若书之说为然也，
且惟昔者虞、夏、商、周三代之圣王，其始建国营
都日，必择国之正坛，置以为宗庙；必择木之修茂
者，立以为菆位②；必择国之父兄慈孝贞良者，以
为祝宗③；必择六畜之胜，腯肥倅毛以为牺牲④；珪

璧琮璜⑤，称财为度；必择五谷之芳黄，以为酒醴粢盛，故酒醴粢盛与岁上下也。故古圣王治天下也，故必先鬼神而后人者，此也。故曰官府选效，必先祭器祭服，毕藏于府，祝宗有司，毕立于朝，牺牲不与昔聚群。故古者圣王之为政若此。

**【注释】**

①僇（lù）：通"戮"，杀。

②菆（cóng）位：即神社。菆，同"丛"。

③祝宗：即太祝与宗伯，祝是主赞词的人，宗是主宗庙的人。

④腯（tú）肥：肥胖。倅（cuì）毛：指毛色纯粹。倅，同"粹"。牺牲：供祭祀用的牲畜。

⑤珪璧琮璜（cónghuáng）：都是祭祀时要用到的玉器。

**【译文】**

不仅周武王的事迹是这样的。从前圣王赏赐功臣必定在祖庙里，杀戮罪人则必定在神社里。行赏为什么一定要在祖庙里呢？是祭告祖先恩惠分配得很平均；杀戮罪人为什么一定要在神社里呢？是祭告神明断案很允当。不只是这本书上是这样说的，并且虞、夏、商、周三代的圣王，他们开始建立国家营造都城的时候，肯定要选择国都中心的祭坛，来修建宗庙；必定是选择林木繁茂的地方，来修建神社；必定选择国都中父慈子孝、忠诚优秀的人，来做太祝和宗伯；必定选择六畜中最好的，肥壮而又毛色纯正的来做祭祀时用的牺牲；置备珪璧琮璜等祭祀用的玉器，要以适合自己的财力为度；必定要选择五谷中芳香而黄熟了的，作为祭祀用的供品。所以美酒食物这些供品是按年成的好坏而有增减的。因此，古代圣王治理天下，必定是先祭祀鬼神而后从事人事，正是这个原因。所以说，官府选择考察物品，一定要先治办祭祀鬼神的祭服祭器，并都收藏在府中，太祝与宗伯等有关人员，全都站立在朝廷上，供祭祀用的牲口不得与以前的群牲在一起。古代圣王为政的方式就是这样的。

古者圣王必以鬼神为有，其务鬼神厚矣。是以莫有一人敢放幽闲，拟乎鬼神之明显，畏上诛罚。又恐后世子孙不能知也，故书之竹帛，传遗后世子孙。咸恐其腐蠹绝灭，后世子孙不得而记，故琢之盘盂，镂之金石以重之。有恐后世子孙不能敬箬以取羊<sup>①</sup>，故先王之书，圣人一尺之帛<sup>②</sup>，一篇之书，语数鬼神之有也，重有重之。此其故何？则圣王务之。今执无鬼者曰：鬼神者固无有。则此反圣王之务。反圣王之务，则非所以为君子之道也！

【注释】

①箬（wēi）：通“威”。羊：即“祥”。

②圣人：或当为“即其”。

【译文】

古代圣王必定认为鬼神是存在的，所以他们对于祭祀鬼神才会如此隆重。因此，没有一个人敢在即使是幽僻之处放肆，因为他们知道鬼神无不明察，怕受到上天的惩罚。又害怕后代的子孙不知道这一点，所以把这写在竹帛上，传给后世的子孙。又都怕它会腐朽虫蛀而消失，后世子孙无法记住，因此把它雕刻在盘盂上，镂刻在金石上以表示重视。又害怕后代的子孙不能敬顺上天的威信来获取吉祥，所以先王的书，即使只是一尺长的帛书，一篇文字，也要多次说到鬼神的存在，重复了又重复。这是什么缘故呢？就是先王认为这是急务啊。现在坚持无鬼论的人说："鬼神本来就是没有的。"这就是违反了先王所认为的急务。违反了先王所认为的急务，那就不是作为君子所应有的行为了。

今执无鬼者之言曰：先王之书，慎无一尺之帛①，一篇之书，语数鬼神之有，重有重之，亦何书之有哉？子墨子曰：《周书·大雅》有之②。《大雅》曰："文王在上，於昭于天。周虽旧邦，其命维新。有周不显③，帝命不时④。文王陟降⑤，在帝左右。穆穆文王⑥，令问不已⑦。"若鬼神无有，则文王既死，彼岂能在帝之左右哉？此吾所以知《周书》之鬼也。

【注释】

①慎无：当为"惟无"，发语词。

②周书：古代"书"、"诗"二字互用，此当指"周诗"，下举之诗出自《诗经·大雅·文王》。

③不：通"丕"，大的意思。

④时：通"是"，正确的意思。

⑤陟：升。

⑥穆穆：仪表美好。

⑦令问：即"令闻"，好声誉。

**【译文】**

现在坚持无鬼论的人说：先王的书，每一尺帛上，每一篇文章里，都反复讲到了鬼神的存在，重复了又重复，但都是哪些书里有呢？墨子说：《周诗·大雅》里就有。《大雅》里说："文王在万民之上，功德昭著于天。周虽是古老的国家，但文王接受了天命就面目一新。周的功业多么显赫，天帝的授命多么正确。文王的神灵上下于天地间，伴随在天帝的左右。仪容美好的文王，他的美名永不泯灭。"如果鬼神不存在，那么文王死后，他怎么能伴随在天帝的左右呢？这就是我所知道的《周诗》里对鬼神的记载。

且《周书》独鬼，而《商书》不鬼，则未足以为法也。然则姑尝上观乎《商书》。曰："呜呼！古者有夏，方未有祸之时，百兽贞虫①，允及飞鸟，莫不比方。矧佳人面②，胡敢异心？山川鬼神，亦莫敢不宁。若能共允③，佳天下之合，下土之葆。"察山川鬼神之所以莫敢不宁者，以佐谋禹也。此吾所以知《商书》之鬼也。

**【注释】**

①贞：当读为"昆"。

②矧佳：即"况唯"。下文之"佳"亦为"唯"字。

③共：通"恭"。允：诚的意思。

**【译文】**

　　而且，如果只有《周诗》记载了鬼神的存在，而《商书》没有记载，那也不足以为依据。那么我们姑且向上看看《商书》。它说："啊！在古时的夏朝，在尚未发生灾祸的时候，所有的禽兽和昆虫，还有飞鸟，没有不顺其道而行的。何况是人类，谁敢有异心呢？山川鬼神，也没有谁敢不安宁。如果能够恭敬诚恳，就能将天下统一，领土得到保全。"细察山川鬼神之所以无不安宁，就是因为他们在辅佐大禹。这就是我所知道的《商书》里对鬼神的记载。

　　且《商书》独鬼，而《夏书》不鬼，则未足以为法也。然则姑尝上观乎《夏书》，《禹誓》曰①："大战于甘②，王乃命左右六人③，下听誓于中军。曰：有扈氏威侮五行④，怠弃三正⑤，天用剿绝其命。有曰：日中，今予与有扈氏争一日之命。且⑥！尔卿大夫庶人，予非尔田野葆士之欲也⑦，予共行天之罚也⑧。左不共于左，右不共于右，若不共命。御非尔马之政，若不共命。是以赏于祖而僇于社。"赏于祖者何也？言分命之均也；僇于社者何也？言听狱之事也。故古圣王必以鬼神为赏贤而罚暴，是故赏必于祖而僇必于社，此吾所以知《夏书》之鬼也。故尚者《夏书》，其次商、周之书，语数鬼神之有也，重有重之，此其故何也？则圣王务之。以若书之说观之，则鬼神之有，岂可疑哉？

**【注释】**

①《禹誓》：即今《尚书》之《甘誓》。

②甘：河的名字，在今陕西户县。

③左右六人：指六卿，即六军之将。天子亲征，王居中军，六卿居左右。

④五行：圣王所行的盛德。

⑤三正：天地人的正道。

⑥且：通"徂"，去的意思。

⑦葆士：当为"宝玉"。

⑧共：通"恭"。下同。

**【译文】**

　　而且，如果只有《商书》记载了鬼神的存在，而《夏书》没有记载，那也不足以为依据。那么我们姑且向上看看《夏书》。《禹誓》说："大战将在甘河边开始，夏王便命令左右六军的将领，下车到夏王亲领的中军来听誓言。誓言说：有扈氏因其威势而轻慢五行，抛弃天地人的正道，上天因此命我们去消灭他。又说：中午的时候，我将要与有扈氏一决胜负。去吧！各位卿大夫与庶人们，我们并不是想要得到田地与宝玉，我是在恭敬地替上天行使诛罚。在左边的如果不好好掌射，在右边的如果不好好操戈，那就是不恭行天命。御者不能驾御好车马，也是不恭行天命。所以行赏在祖庙，诛罚在神社。"行赏于祖庙是为什么呢？是祭告祖先赏赐分配得很公平；杀戮罪人为什么一定要在神社里呢？是祭告神明断案很允当。古代圣王必定认为鬼神是要赏赐贤人，诛罚有罪的，因此才一定要在祖庙里行赏，在神社里诛罚，这就是我所知道的《夏书》里对鬼神的记载。所以，上有《夏书》，其次有《商书》、《周书》，多次讲到了鬼神的存在，重复了又重复，这是为什么呢？这是因为圣王以此为急务。从这部书的记载来看，鬼神的存在还有什么可怀疑的呢？

若以为不然①，于古曰②：吉日丁卯，周代祝社方岁于社考③，以延年寿。若无鬼神，彼岂有所延年寿哉！

**【注释】**

①若以为不然：此五字原在下文"利万民之道也"下，依文义移此。

②古：当为"书"字。

③周代祝社方岁于社考：当为"周公代祝于社方岁祖考"。社，土地之神。方，四方之神。岁，主岁事之神。祖，死去的先祖。考，死去的父亲。

**【译文】**

如果认为不是这样的，那么书上说：在丁卯这个吉日里，周公代武王祭祀于社、方、岁、祖、考，祈求能使武王延年益寿。如果没有鬼神，他们向谁去祈求延年益寿呢？

是故子墨子曰：尝若鬼神之能赏贤如罚暴也①。盖本施之国家，施之万民，实所以治国家利万民之道也。是以吏治官府之不絜廉，男女之为无别者，鬼神见之。民之为淫暴寇乱盗贼，以兵刃毒药水火，退无罪人乎道路，夺人车马衣裘以自利者，有鬼神见之。是以吏治官府，不敢不絜廉，见善不敢不赏，见暴不敢不罪，民之为淫暴寇乱盗贼，以兵刃毒药水火，退无罪人乎道路，夺车马衣裘以自利者，由此止②。是以天下治。

**【注释】**

①尝若：即"当若"。如：而。

②由此止：此下原有"是以莫放幽闲，拟乎鬼神之明显，明有一人畏上诛罚"二十一字，移编于上文。

**【译文】**

　　所以墨子说：应当相信鬼神是能够奖赏贤人而处罚恶人的。用此来治理国家，治理万民，才真正是安定国家有利万民的正道啊。因此官吏在治理官府时不廉洁，男女混杂而没有分别的，鬼神都看见了。民众中变为淫暴的流寇与盗贼，用兵刃、毒药、水火，在道路上袭击无辜的人，抢夺别人的车马衣服来为自己谋得利益的人，也有鬼神能看见。所以官吏治理官府，不敢不廉洁，看到了善的行为不敢不奖赏，看到了暴行不敢不惩治，民众中变为淫暴的流寇与盗贼，用兵刃、毒药、水火，在道路上袭击无辜的人，抢夺别人车马衣服来为自己谋得利益的人，也就从此绝迹了。所以天下太平。

故鬼神之明，不可为幽闲广泽，山林深谷，鬼神之明必知之。鬼神之罚，不可为富贵众强，勇力强武，坚甲利兵，鬼神之罚必胜之。若以为不然，昔者夏王桀贵为天子，富有天下，上诟天侮鬼，下殃傲天下之万民①，祥上帝伐②，元山帝行③，故于此乎天乃使汤至明罚焉④。汤以车九两，鸟陈雁行，汤乘大赞，犯遂下⑤，众人之螽遂⑥。王乎禽推哆、大戏⑦。故昔夏王桀，贵为天子，富有天下，有勇力之人推哆、大戏，生列兕虎⑧，指画杀人，人民之众兆亿，侯盈厥泽陵⑨，然不能以此围鬼神之诛⑩。此吾所谓：鬼神之罚，不可为富贵众强、勇力强武、坚甲利兵者，此也。

【注释】

①殃傲：当为"殃杀"。下同。

②祥：或当为"牂"，即"戕"。

③元：或当为"亢"。山：当为"上"。

④至：通"致"。

⑤遂：地名。

⑥螽：当为"犓"。

⑦乎：即"呼"。禽："擒"的古字。推哆、大戏：古代勇士名。

⑧列：同"裂"。兕（sì）：犀牛。

⑨侯：发语词。厥：代词，其。

⑩圉：抵御。

**【译文】**

所以鬼神是明察秋毫的，不要依恃处在或幽深或广漠的地方，或山林深谷之中，鬼神的明察必然会知道。鬼神的惩罚，不要以为身处富贵，人多势众，勇武强悍或有坚固的铠甲和锋利的兵器，鬼神的惩罚必然会胜过这些。如果以为不是这样，从前的夏王桀贵为天子，富有天下，对上咒骂上天、侮辱鬼神，对下残杀天下的民众，窃取上帝的功绩，拒绝上帝的正道，所以在这个时候，上天就命令商汤对他进行惩罚。商汤用了九辆战车，摆了鸟云阵和雁行阵，汤乘着一辆大的战车，进攻遂地，夏朝民众都来到遂地犒劳商师。商汤叫人擒获了推哆与大戏。所以说从前的夏王桀，虽贵为天子，富有天下，又有大勇士推哆与大戏，他们能生裂野牛和猛虎，挥手之间就能杀人，臣民也成兆上亿，遍布于山陵湖泽，但还是不能用以抵挡鬼神的诛罚。这就是我说的：鬼神的惩罚，不要以为身处富贵，人多势众，勇武强悍或有坚固的铠甲和锋利的兵器就可以抵挡，正是这个意思。

且不惟此为然。昔者殷王纣贵为天子，富有天下，上诟天侮鬼，下殃傲天下之万民，播弃黎老，贼诛孩子，楚毒无罪①，刳剔孕妇，庶旧鳏寡，号咷无告也②。故于此乎，天乃使武王至明罚焉。武王以择车百两，虎贲之卒四百人，先庶国节窥

戎③，与殷人战乎牧之野，王乎禽费仲、恶来，众
畔百走④。武王遂奔入宫，万年梓株⑤，折纣而系
之赤环，载之白旗，以为天下诸侯僇。故昔者殷王
纣，贵为天子，富有天下，有勇力之人费仲、恶
来、崇侯虎，指寡杀人，人民之众兆亿，侯盈厥泽
陵，然不能以此圉鬼神之诛。此吾所谓鬼神之罚，
不可为富贵众强、勇力强武、坚甲利兵者，此也。
且《禽艾》之道之曰：得玑无小⑥，灭宗无大。则
此言鬼神之所赏，无小必赏之；鬼神之所罚，无大
必罚之。

【注释】

①楚毒：当为"焚炙"，即商纣王所设的炮烙之刑。

②号咷（táo）：即"号啕"。

③庶：即"诸"。

④百：疑为"背"、"北"或"败"之误。

⑤万年梓株：此四字其义未详，迄无确解。疑当在上
　　句"入"字之后，脱一"之"，即原或为"武王逐
　　奔，入万年梓株之宫"。

⑥玑：当为"祺"。

【译文】

　　而且不只是夏桀的例子是这样。从前的殷王纣贵为天
子，富有天下，对上咒骂上天、侮辱鬼神，对下残杀天下
的民众，抛弃老人，杀害儿童，炮烙无罪的人，剖开孕妇
的肚子，庶民旧臣与鳏寡孤独，号啕大哭却无处求告。因

此在这个时候，上天于是命令周武王对他进行惩罚。周武王精选了一百辆战车，四百名勇士，先与已受符节的诸侯一起检阅军队，与商军大战于牧野，武王命人擒获了费仲和恶来，商军纷纷倒戈或败走。武王趁胜追击，进入用珍贵木材建造的宫中，砍下商纣王的头，用赤环系着，挂在白旗之上，以代表天下诸侯对他的惩罚。所以说从前的商纣王，虽贵为天子，富有天下，又有大勇士费仲、恶来和崇侯虎，他们挥手之间就能杀人，臣民也成兆上亿，遍布于山陵湖泽，但还是不能用以抵挡鬼神的诛罚。这就是我说的鬼神的惩罚，不要以为身处富贵，人多势众，勇武强悍，或有坚固的铠甲和锋利的兵器就可以抵挡，正是这个意思。况且《禽艾》书上记载说：得到吉祥奖赏的不论他多么弱小，而得到灭宗之祸的也不论他多么强大。这就是说，鬼神要行奖赏，无论多么小的德行也会受到奖励；鬼神要行惩罚，无论多么强大也一定要受惩罚。

今执无鬼者曰：意不忠亲之利[1]，而害为孝子乎？子墨子曰：古之今之为鬼，非他也。有天鬼，亦有山水鬼神者，亦有人死而为鬼者。今有子先其父死，弟先其兄死者矣。意虽使然，然而天下之陈物曰[2]：先生者先死。若是，则先死者非父则母，非兄而姒也[3]。今絜为酒醴粢盛，以敬慎祭祀，若使鬼神请有，是得其父母姒兄而饮食之也，岂非厚利哉？若使鬼神请亡，是乃费其所为酒醴粢盛之财耳。自夫费之[4]，非特注之污壑而弃之也[5]，内者宗族，外者乡里，皆得如具饮食之。虽使鬼神请亡，此犹可以合欢聚众，取亲于乡里。

**【注释】**

①忠：即"中"。

②陈物：故事，常理。

③姒（sì）：姐妹中年长的叫"姒"，年幼的叫"娣"。

④自：当为"且"。

⑤特：当作"直"。

**【译文】**

现在坚持无鬼论的人说：你的意思是不合于双亲的利益的，这不是妨碍你做一个孝子吗？墨子说：古今的鬼神，不是别的。有天上的鬼神，也有山水的鬼神，也有人死后变成的鬼神。现在也有儿子比父亲先死的，也有弟弟比哥哥先死的。虽然如此，但天下的常理是：先出生的先死亡。如果是这样，那么先死的人不是父亲就是母亲，不是哥哥就是姐姐。现在准备好洁净的美酒食物等祭品，用来恭敬谨慎地祭祀，如果鬼神确实存在，这就等于使得父母姊兄得到了饮食，难道不是很大的好处吗？如果鬼神确实不存在，这不过是花费了一些准备美酒食物等祭品的钱财而已。况且这些花费，并不是把祭品倒在污水沟中扔掉了，内有宗族近亲，外有乡里邻人，都可以请他们来享用。即使鬼神确实不存在，这也可以用来聚集众人同欢共乐，使得邻里亲近。

今执无鬼者言曰：鬼神者固请无有，是以不共其酒醴粢盛牺牲之财<sup>①</sup>。吾非乃今爱其酒醴粢盛牺牲之财<sup>②</sup>，于其所得者臣将何哉<sup>③</sup>？此上逆圣王之书，内逆民人孝子之行，而为上士于天下，此非所以为上士之道也。是故子墨子曰：今吾为祭祀也，非直注之污壑而弃之也，上以交鬼之福<sup>④</sup>，下以合欢聚众，取亲乎乡里。若神有，则是得吾父母弟兄而食之也。则此岂非天下利事也哉！是故子墨子曰：今天下之王公大人士君子，中实将欲求兴天下之利，除天下之害，当若鬼神之有也，将不可不尊明也，圣王之道也。

【注释】

①共：通"供"。

②爱：吝惜。

③臣：当作"巨"，即"讵"，表示反诘的副词，岂，难道。

④交：当为"徼"（yāo），通"邀"，求取。

【译文】

　　现在坚持无鬼论的人说：鬼神确实不存在，所以不必花费钱财去供美酒食物与牺牲等祭品。我们现在并不是吝啬美酒食物与牺牲等祭品，只是在其中我们又能得到什么呢？这种说法对上违逆了圣王之书，对内不符合孝子的行为，竟然还作为天下的上士，这实在不是做上士的正道啊。所以墨子说：现在我实行祭祀，并不是把祭品倒在污水沟中扔掉了，上可以祈请鬼神降福，下可以聚集众人同欢共乐，使得邻里亲近。如果鬼神存在，那就能够请来我去世的父母兄弟来共享饮食。这难道不是对天下都有利的事吗？所以墨子说：当今天下的王公大人和士人君子，如果心中确实想要兴起天下之利，消除天下的大害，那么对于鬼神的存在，就不能不尊奉它宣扬它，这才是圣王之道啊！

# 非乐上

　　墨子对音乐是持反对态度的，这一主张也有与儒家针锋相对的意味，因为儒家最讲究礼乐。其实，墨子并非不能欣赏音乐的美，他的这一主张有很深远的考虑，那就是在当时的社会生产力条件下，王公大人对于音乐之美的追求，只会造成"亏夺民衣食之财"的后果。这不但是当时社会物质生产极端匮乏下的一种无奈之举，也是墨子对于当时社会的两极分化的一种批判。因为，统治者在衣食无忧的情况下沉湎声色，但这种行为却是以民众的牺牲为代价的，所以，墨子通过大量的论证证明这是不对的，而且还进一步说明，这也是上天所不喜欢的事情。

　　在论述中，墨子的反复诘难使得论证极为雄辩，全文一连用了六个"是故子墨子曰：为乐非也"来作为一段驳论的结束，铿锵有力，掷地有声，大大强化了论证效果。

　　"非乐"本来共有三篇，其他两篇均佚，这里选了仅存的上篇。

子墨子言曰：仁之事者①，必务求兴天下之利，除天下之害。将以为法乎天下：利人乎，即为；不利人乎，即止。且夫仁者之为天下度也，非为其目之所美，耳之所乐，口之所甘，身体之所安。以此亏夺民衣食之财，仁者弗为也。

**【注释】**

①仁之事者：当作"仁人之事者"。

**【译文】**

墨子说：仁义的人来做事，必定要为天下人兴利，除去祸害。以此作为天下的准则：有利于人的，就去做；无利于人的，就停止。况且，仁义的人做事是要为天下考虑的，并非是为了自己眼睛看上去悦目，耳朵听起来动听，口中尝到觉得甘美，身体感觉着舒适。如果因为这些而损害夺取人民的衣食之资，仁义的人是不会去做的。

是故子墨子之所以非乐者，非以大钟、鸣鼓、琴瑟、竽笙之声，以为不乐也；非以刻镂华文章之色，以为不美也；非以犓豢煎炙之味①，以为不甘也；非以高台厚榭邃野之居②，以为不安也。虽身知其安也，口知其甘也，目知其美也，耳知其乐也，然上考之不中圣王之事，下度之不中万民之利。是故子墨子曰：为乐非也。

【注释】

①犓豢（chúhuàn）：饲养的意思。这里指所饲养的牲畜。

②野：通"宇"。

【译文】

因此，墨子之所以反对音乐，并不是认为大钟、鸣鼓、琴瑟、竽笙等乐器的声音不动听；不是以为雕刻的华美图案不漂亮；不是以为禽畜的肉烹调出来的味道不甘美；不是以为高大的楼台亭榭和幽深的宫室居住起来不安适。虽然身体能感受到安适，口能感受到甘美，眼睛能感受到美丽，耳朵能感受到动人，但向上考察，这不合于圣王行事的原则，向下考察，也不符合民众的利益。所以墨子说：从事于音乐是不对的。

今王公大人虽无造为乐器①，以为事乎国家，非直掊潦水、拆坏垣而为之也②，将必厚措敛乎万民③，以为大钟、鸣鼓、琴瑟、竽笙之声。然则当用乐器，譬之若圣王之为舟车也，即我弗敢非也。古者圣王亦尝厚措敛乎万民，以为舟车。既已成矣，曰：吾将恶许用之？曰：舟用之水，车用之陆，君子息其足焉，小人休其肩背焉。故万民出财赍而予之④，不敢以为戚恨者，何也？以其反中民之利也。然则乐器反中民之利亦若此，即我弗敢非也。

【注释】

①虽无：即"唯毋"，发语词。

②掊（póu）：捧。潦（lǎo）水：指道路上的积水。

③措敛：当即"作敛"，墨子在《辞过》篇中用了五次"厚作敛于百姓"，句式正同，且"作"与"措"音同而互用。下同。

④赍（jī）：给予。

【译文】

现今王公大人制造乐器，用来服务于国家，并不是像捧起一点水、拆毁一堵坏墙那样容易做到，而是必定要增加赋税于民众以聚敛钱财，以此来制造大钟、鸣鼓、琴瑟、竽笙等乐器而得声色之美。但是乐器有什么用，若把这比为圣王制造车船，那我就不敢非议了。古代圣王也曾经增加民众的赋税，用来制造车船。造成之后，说：我将用它来做什么呢？说：船用于水运，车用于陆运，君子可以让他的脚得到歇息，劳动的人也可以让他的肩头和脊背得到休息。所以民众都愿意把钱财拿出来给圣王制造车船，而并不心怀怨恨，这是为什么呢？因为这反而符合了民众的利益。如果制作乐器也能正好符合民众的利益，就像圣王制造车船一样，那我也不敢非议。

民有三患：饥者不得食，寒者不得衣，劳者不得息。三者，民之巨患也。然即当为之撞巨钟、击鸣鼓、弹琴瑟、吹竽笙而扬干戚，民衣食之财将安可得乎？即我以为未必然也。意舍此①，今有大国即攻小国，有大家即伐小家，强劫弱，众暴寡，诈欺愚，贵傲贱，寇乱盗贼并兴，不可禁止也。然即当为之撞巨钟、击鸣鼓、弹琴瑟、吹竽笙而扬干戚，天下之乱也，将安可得而治与？即我以为未必然也。是故子墨子曰：姑尝厚措敛乎万民，以为大钟、鸣鼓、琴瑟、竽笙之声，以求兴天下之利，除天下之害而无补也。是故子墨子曰：为乐非也。

**【注释】**

①意：通"抑"。

**【译文】**

民众有三种忧患：饥饿的人得不到食物，受冻的人得不到衣服，劳苦的人得不到休息。这三种，是民众的最大忧患。那么当为他们撞击大钟、敲打鸣鼓、弹奏琴瑟、吹奏竽瑟并挥动斧盾来跳舞，民众的衣食之资就可以得到解决了吗？我认为这是不可能的事。姑且不论这个，现在有大国要去攻打小国，有大家族要去掠夺小家族，强者胁迫弱者，人多势众的欺压势单力薄的，狡诈的人欺骗憨厚的人，尊贵的人傲视低贱的人，叛变和盗贼同时出现，无法禁止。那么就应当为他们撞击大钟、敲打鸣鼓、弹奏琴瑟、吹奏竽笙并挥动斧盾来跳舞，天下的混乱，会得到治理吗？我认为这是不可能的事。因此墨子说：姑且向民众增加赋税，用来制造大钟、鸣鼓、琴瑟、竽笙等乐器而得音乐之美，用这来求得天下的利益，去除天下的祸害，是没有任何补益的。所以墨子说：从事于音乐是不对的。

今王公大人，唯毋处高台厚榭之上而视之，钟犹是延鼎也①。弗撞击，将何乐得焉哉？其说将必撞击之。惟勿撞击②，将必不使老与迟者。老与迟者耳目不聪明，股肱不毕强③，声不和调，明不转朴④。将必使当年，因其耳目之聪明，股肱之毕强，声之和调，眉之转朴⑤。使丈夫为之，废丈夫耕稼树艺之时；使妇人为之，废妇人纺绩织纴之事。今王公大人唯毋为乐，亏夺民衣食之时，以拊乐如此多也⑥。是故子墨子曰：为乐非也！

**【注释】**

①延：覆的意思。

②惟勿：即"唯毋"，发语词。

③毕：快捷。

④明：当为"鸣"字。朴：急速的意思。

⑤眉：同上注，当为"鸣"字。

⑥拊乐：即"击乐"。

**【译文】**

当今的王公大人，处在高耸的楼台亭榭之上往下看，钟就像一种倒扣着的鼎一样。如果不去撞击它，那有什么乐趣可言呢？要想娱乐就必定要撞击它。要撞击它，就必定不会用那些年老迟缓的人。年老迟缓的人耳不聪目不明，手脚不灵敏强健，奏出的声音不和谐，音节不会变快。所以必然要使用年轻力壮的人，因为这些人耳聪目明，手脚灵敏强健，奏出的声音和谐，音节可以很激烈。但是若让男子去做这件事，就耽误了男子耕田种地的时机；让妇女去做这件事，就耽误了妇女纺线织布的事。现在的王公大人从事于音乐，损害夺取人民的衣食之时，仅从命人奏乐这一点来看就已经很厉害了。所以墨子说：从事于音乐是不对的。

今大钟、鸣鼓、琴瑟、竽笙之声既已具矣，大人锈然奏而独听之①，将何乐得焉哉？其说将必与人。与君子听之，废君子听治；与贱人听之，废贱人之从事。今王公大人惟毋为乐，亏夺民之衣食之财，以拊乐如此多也。是故子墨子曰：为乐非也。

**【注释】**

①锈：即当为"肃"。

**【译文】**

现在大钟、鸣鼓、琴瑟、竽笙等乐器所奏出的音乐之美都已经具备了，王公大人如果是肃然地演奏并独自来听，那有什么乐趣可言呢？想娱乐就必定要与别人一起。与君子一起听，就会耽误君子治理政务；与平民一起听，就会耽误平民的生产。现在的王公大人从事于音乐，损害夺取人民的衣食之资，仅从命人听乐这一点来看就已经很厉害了。所以墨子说：从事于音乐是不对的。

昔者齐康公兴乐《万》①，《万》人不可衣短褐，不可食糠糟。曰：食饮不美，面目颜色不足视也；

衣服不美，身体从容不足观也②。是以食必粱肉，衣必文绣。此掌不从事乎衣食之财③，而掌食乎人者也。是故子墨子曰：今王公大人惟毋为乐，亏夺民衣食之财，以拊乐如此多也。是故子墨子曰：为乐非也。

**【注释】**

①齐康公：孙诒让疑其当为齐景公之误，王焕镳亦从此说。

②从容：指举动。

③掌：通"常"。

**【译文】**

从前，齐景公大兴一种《万》舞，跳《万》舞的人不可以穿粗布短衣，不能吃粗劣的食物。据说：饮食如果不精美，容貌就不好看；衣服不华美，身体的一举一动也不好看。所以吃的必须是精美的食物，穿的必须是华丽的衣物，这都是常常不从事于衣食之物的生产，反而需要人们长期供养的人。因此墨子说：现在的王公大人从事于音乐，损害夺取人民的衣食之资，仅从供养乐人这一点来看就已经很厉害了。所以墨子说：从事于音乐是不对的。

今人固与禽兽麋鹿、蜚鸟贞虫异者也，今之禽兽麋鹿、蜚鸟贞虫，因其羽毛以为衣裘，因其蹄蚤以为绔屦①，因其水草以为饮食。故唯使雄不耕稼树艺，雌亦不纺绩织纴，衣食之财固已具矣。今人与此异者也，赖其力者生，不赖其力者不生。君子不强听治，即刑政乱；贱人不强从事，即财用不足。今天下之士君子，以吾言不然，然即姑尝数天下分事，而观乐之害。王公大人蚤朝晏退，听狱治政，此其分事也；士君子竭股肱之力，亶其思虑之智②，内治官府，外收敛关市、山林、泽梁之利，以实仓廪府库，此其分事也；农夫蚤出暮入，耕稼树艺，多聚叔粟③，此其分事也；妇人夙兴夜寐，纺绩织纴，多治麻丝葛绪细布缘④，此其分事也。今惟毋在乎王公大人说乐而听之，即必不能蚤朝晏退，听狱治政，是故国家乱而社稷危矣。今惟毋在乎士君子说乐而听之，即必不能竭股肱之力，亶其思虑之智，内治官府，外收敛关市、山林、泽梁之利，以实仓廪府库，是故仓廪府库不实。今惟毋在乎农夫说乐而听之，即必不能蚤出暮入，耕稼树艺，多聚叔粟，是故叔粟不足。今惟毋在乎妇人说乐而听之，即不必能夙兴夜寐，纺绩织纴，多治麻丝葛绪细布缘，是故布缘不兴。曰：孰为大人之听治而废国家之从事⑤？曰：乐也。是故子墨子曰：为乐非也。

**【注释】**

①蚤：即"爪"。绔（kù）：裤子。屦（jù）：鞋。

②亶：通"殚"，竭尽。

③叔：即"菽"。

④繡（xiāo）：缣帛。

⑤孰为大人之听治而废国家之从事：此句当为："孰为
而废大人之听治、贱人之从事？"从俞樾说。

**【译文】**

　　现在的人当然不同于禽兽、麋鹿、飞鸟、昆虫，现在的禽兽、麋鹿、飞鸟、昆虫，用它们的羽毛做衣裳，用它们的蹄爪做裤子和鞋子，把水、草当作饮食。所以，即使雄的不耕田种植，雌的不纺线织布，衣食的用度就已经具备了。现在的人与它们不同，依赖自己力量的人才能生存，不依赖自己力量的人就不能生存。君子不努力去治理政事，刑法与政治就要混乱；平民不努力生产，财用就会不足。现在天下的士人君子如果认为我的话不对，那就姑且试着列举天下分内的事，来看音乐的害处。王公大人早晨上朝，晚上退朝，听审案件，治理政事，这是他们分内的事；士人君子用尽全部的力气，竭尽智力去思考，对内治理官府，对外征收关市、山林、河桥的赋税，用来充实仓廪府库，这是他们分内的事；农夫早出晚归，耕田种植，多收获粮食，这是他们分内的事；妇女早起晚睡，纺线织布，多制出麻丝葛布，织出布匹缣帛，这是她们分内的事。现在如果王公大人喜欢音乐而去听它，就必定不能很早上朝，很晚退朝，听审案件，治理政事，这样国家就会混乱，江山就会有危险。现在如果士人君子喜欢音乐而去听它，就必定不能用尽全部的力气，竭尽智力去思考，对内治理官府，对外征收关市、山林、河桥的赋税，用来充实仓廪府库，因此仓廪府库就会空虚。现在如果农夫喜欢音乐而去听它，就必定不能早出晚归，耕田种植，多收粮食，因此粮食就会不足。现在如果妇女喜欢音乐而去听它，就必定不能早起晚睡，纺线织布，多制出麻丝葛布，织出布匹缣帛，因此布帛的生产就不会发展。请问：是什么荒废了王公大人们的听审与治理、平民百姓的生产活动呢？回答是：音乐。所以墨子说：从事于音乐是不对的。

何以知其然也？曰：先王之书，汤之《官刑》有之，曰："其恒舞于宫，是谓巫风。其刑：君子出丝二卫①，小人否②，似二伯③。"《黄径》乃言曰④："呜乎！舞佯佯⑤，黄言孔章⑥。上帝弗常⑦，九有以亡⑧，上帝不顺，降之百殅⑨，其家必坏丧。"察九有之所以亡者，徒从饰乐也。于《武观》曰⑩："启乃淫溢康乐⑪，野于饮食。将将铭苋磬以力⑫。湛浊于酒⑬，渝食于野⑭。《万》舞翼翼。章闻于天，天用弗式。"故上者天鬼弗戒⑮，下者万民弗利。是故子墨子曰：今天下士君子，请将欲求兴天下之利，除天下之害，当在乐之为物，将不可不禁而止也。

**【注释】**

① 卫：当作"纬"，束。

② 否：即"倍"。

③ 似：即"以"。伯：即"帛"。

④ 《黄径》：即指《大誓》。黄，即"皇"，大的意思。径，即"经"，以此相称表示尊敬。

⑤佯佯：即"洋洋"，人众多的样子。

⑥黄：即"簧"，大笙谓之簧。言：亦指乐器，大箫谓
　之言。

⑦常：读为"尚"，即佑护之意。

⑧九有：九州。

⑨殃（xiáng）：即"殃"字。

⑩《武观》：夏启的季子名为五观，即武观，此指《逸
　书》中的《武观》篇。

⑪启：夏禹的儿子，夏朝的第二个皇帝。

⑫将将：即"锵锵"。铭：当为"金石"二字之误合。
　筦：即"筦"，指笛子。

⑬湛：沉溺。浊：当为"沔"，即"湎"。

⑭渝：疑为"歈"的假借字，讴歌。

⑮戒：当作"式"。

【译文】

　　怎么知道是这样呢？答案是：先王的书籍，汤所作的
《官刑》有记载，上面说："经常在宫中跳舞，这就叫做巫
风。对此的惩罚是：君子缴纳丝线两束，小人加倍，缴纳
两匹帛。"《大誓》上说："哎！乐舞洋洋，笙箫的声音非常
响亮。上帝不保佑，九州都要灭亡。上帝认为这是不顺从
天意，就会降下各种祸殃，他的家族必然灭亡。"考察九州
所以灭亡的原因，只是因为从事于音乐啊。《武观》上说：
"夏启放纵享乐，在野外大肆吃喝。那铿锵如金石声的乐
音，是致力于笛、磬类的乐器所发出来的。沉湎于酒，并
随意在野外听乐进餐。《万》舞的场面十分浩大。这些都被

上天知道了，天不把它当作法式。"所以，在上的天帝鬼神不以为法式，在下的民众没有得到利益。所以墨子说：现在天下的士人君子，诚心要为天下人谋利，为天下人除害，对于音乐这样的东西，是不应该不禁止的。

# 非命中

墨子的许多主张都是在与儒家的争辩中提出的。儒家的"生死有命，富贵在天"是一种对于统治者而言极为理想的理论，因为所有的人都会安于自己的生活境遇，以为这是上天的意志，这对于广大民众而言当然是一种麻痹。而墨子锐利的眼光看出了这种麻痹，所以他一语中的，说这种思想其实就是"繁饰有命，以教众愚朴之人"而已。以此来反对儒家的"天命"论，是极为犀利的。

当然，墨子的许多主张又是从社会生活的实践中得出的，"非命"的观点也是如此。因为墨子看到了命定思想对于人类创造性的消磨与损伤。他认为，所有的事情，之所以做得好，是因为个人的努力，只有每个人都尽力了，社会才会发展。而天命说则会取消人们努力的动力，这样天下就会混乱。

但是我们也不得不指出，墨子这一主张来自争辩与社会现实，并非他自己理论系统中的链条，所以，他的"非命"在学理上与其他的主张是有矛盾的，比如在《天志》与《明鬼》中，他就承认天是有意志的，而且，全天下的人都应当上从于天，并认为鬼神是存在的，且能给人带来祸福与奖惩。

在《非命》的三篇中，墨子还提出了著名的"三法"，即判断是非的标准，要遵循本、原、用的原则，这在中国古代认识论上是具有重大意义的。而且，这三法不止是在这三篇文章中得到了应用，其实，也是墨子论证时常用的一种方法，只是在这里明确提出而已。

子墨子言曰：凡出言谈、由文学之为道也<sup>①</sup>，则不可而不先立义法<sup>②</sup>。若言而无义，譬犹立朝夕于员钧之上也<sup>③</sup>，则虽有巧工，必不能得正焉。然今天下之情伪，未可得而识也，故使言有三法。三法者何也？有本之者，有原之者，有用之者。於其本之也<sup>④</sup>？考之天鬼之志，圣王之事。於其原之也？征以先王之书<sup>⑤</sup>。用之奈何，发而为刑政。此言之三法也。

【注释】

①由：当作"为"，下"为"字衍。

②则不可而不先立义法：此句当作"则不可不先立义"。义，同"仪"。

③朝夕：即日规，古代用日影测量时间的仪器。员钧：即运钧，古代制陶器时用的转轮。

④於：当读为"乌"，发问之词。下句同。

⑤征：证明，验证。

【译文】

墨子说：凡是发表言论、写作文章的原则，不可不先树立一个标准。如果言论没有标准，就好像把测量时间的仪器放在制陶的转轮上一样，即使有能工巧匠，也必定不能得到正确的结果。但现今天下事物的真假，没办法得到辨识，所以发表言论有三条准则。哪三种法则呢？第一是审查本质，第二是推究情理，第三是用于实践。怎么来求得本质呢？用天帝鬼神的意志和圣王的行事来考察它。怎样推究义理呢？用先王的书来验证它。怎样付诸实践呢？把它用到刑法政令上去。这就是言论的三条标准。

今天下之士君子①，或以命为亡。我所以知命之有与亡者，以众人耳目之情，知有与亡。有闻之，有见之，谓之有；莫之闻，莫之见，谓之亡。然胡不尝考之百姓之情？自古以及今，生民以来者，亦尝有见命之物，闻命之声者乎？则未尝有也。若以百姓为愚不肖，耳目之情不足因而为法，然则胡不尝考之诸侯之传言流语乎？自古以及今，生民以来者，亦尝有闻命之声，见命之体者乎？则未尝有也。然胡不尝考之圣王之事？古之圣王，举孝子而劝之事亲，尊贤良而劝之为善，发宪布令以教诲，明赏罚以劝沮②。若此，则乱者可使治，而危者可使安矣。若以为不然，昔者，桀之所乱，汤治之；纣之所乱，武王治之。此世不渝而民不改，上变政而民易教。其在汤武则治，其在桀纣则乱。安危治乱，在上之发政也，则岂可谓有命哉！夫曰有命云者亦不然矣。

【注释】

①今天下之士君子：此句之下当有"或以命为有"五字。

②沮：阻止。

【译文】

现在天下的士人君子，有的以为命是有的，有的以为命是没有的。我之所以知道命的有无，是根据众人耳目所见所闻的实情来知道有与无的。如果有人听到过，见到过，那就是有；如果没有人听到过，也没有人见到过，那就是没有。那么为什么不试着用百姓的实际情况来考察呢？从古到今，自有人民以来，有曾经见过命的形象，听过命的声音的人吗？那是从未有过的。如果认为百姓愚笨无能，耳目所见所闻的实际情况不足以当作标准，那么为什么不试着考察诸侯之间流传的话呢？从古到今，自有人民以来，有曾经听到过命的声音，见到过命的形体的人吗？那是从未有过的。那么为什么不考察圣王的行事呢？古代的圣王，举用孝子以鼓励侍奉双亲；尊重贤良以鼓励多做善事，颁发宪令来教诲人民，明确赏罚的规定来鼓励善行而阻止作恶。如果这样做，那么混乱的情况就可以得到治理，危险的情况可以转为平安。如果认为不是这样，从前，夏桀播乱了天下，由汤来治理；商纣播乱了天下，由武王来治理。这个世界没有改变，人民也没有改变，君王改变了政令，人民就容易教导。同样的人民在商汤、周武王时就得到治理，在夏桀、商纣时则变得混乱。安危与治乱，在于君王所发布的政令，怎么能说是有命呢！那些说有命的，并不是这样。

今夫有命者言曰①：我非作之后世也，自昔三代有若言以传流矣。今故先生对之②？曰：夫有命者，不志昔也三代之圣善人与③？意亡昔三代之暴不肖人也④？何以知之？初之列士桀大夫⑤，慎言知行⑥，此上有以规谏其君长，下有以教顺其百姓。故上得其君长之赏，下得其百姓之誉。列士桀大夫声闻不废，传流至今。而天下皆曰其力也，一见命焉⑦。

【注释】

①夫：当为"乧"，即"执"字。下同。

②故：通"胡"。对：即"怼"。

③志：即"识"。

④意亡：即"抑无"，转语词。

⑤初：即"古"。桀：即"杰"。

⑥知：疑当作"疾"。

⑦一见：当作"不曰亓"，"一"为"不"之坏字，"曰亓"误合为"见"，"亓"即"其"字。又，此句"一"与"见"之间原本多出四十字，据吴毓江校移于下文"罢不肖"之前。

【译文】

现在坚持有天命的人说：我说的并不是后世才有的说法，从古时三代就有这种话流传了。现在为什么先生您要痛恨这种说法呢？回答是：坚持有天命的人，不知道是远古三代的圣人善人，还是远古三代的暴君和坏人？凭什么知道的呢？古代的有功之士与杰出的大夫，说话谨慎，行事快捷，对上能规劝进谏君主，对下能教导安抚百姓。所以上能得到君主的赏识，下能得到百姓的赞誉。有功之士与杰出的大夫名声不会废止，流传到现在。但天下人都说这是他们努力的结果，而不说这是他们的命。

　　是故昔者三代之暴王，不缪其耳目之淫<sup>①</sup>，不慎其心志之辟，外之驱骋田猎毕弋，内沉于酒乐，而不顾其国家百姓之政。繁为无用，暴逆百姓，使下不亲其上。是故国为虚厉<sup>②</sup>，身在刑僇之中<sup>③</sup>，必不能曰：我罢不肖<sup>④</sup>，我为刑政不善。必曰：我命故且亡<sup>⑤</sup>。虽昔也三代之穷民，亦由此也。内之不能善事其亲戚，外不能善事其君长，恶恭俭而好简易，贪饮食而惰从事，衣食之财不足，使身至有饥寒冻馁之忧，必不能曰：我罢不肖，我从事不疾。必曰：我命固且穷。虽昔也三代之伪民，亦犹此也：繁饰有命，以教众愚朴之人。

**【译文】**

　　所以从前三代的暴君，不纠正他们对于声色享受的过分追求，不谨慎他们内心的邪僻，在外驱车驰骋打猎捕鸟，在内沉湎于饮酒作乐，而不顾国家和百姓的政务。频繁地做没有益处的事，残暴地对待百姓，使得在下的人不亲近在上的人。所以国力空虚，祖先没有子嗣祭祀，自己也陷于刑戮之中，但肯定不会说：我疲懒无能，我行使刑法政令不好。肯定说：我命中本来就注定了要灭亡。即使是从前三代的穷人，也是这样的。在内不能好好侍奉父母，在外不能好好地敬事君长，厌恶恭敬勤俭而喜欢简慢轻率，贪于饮食而懒于劳动，衣食之资不够用，致使自己有饥寒冻馁的忧患，但肯定不会说：我疲懒无能，我劳动不勤快。肯定要说：我的命本来就是困顿的命。即使是从前三代虚伪的人，也是这样的：过多地粉饰命定之说，用来教育广大的愚昧朴实的民众。


久矣，圣王之患此也，故书之竹帛，镂之金石。于先王之书《仲虺之告》曰①："我闻有夏人矫天命，布命于下，帝式是恶，用阙师②。"此语夏王桀之执有命也，汤与仲虺共非之。先王之书《太誓》之言然曰："纣夷之居③，而不肯事上帝，弃阙其先神而不祀也④，曰：'我民有命'。毋僇其务⑤。天不亦弃纵而不葆⑥。"此言纣之执有命也，武王以《太誓》非之。有于三代不国有之曰⑦：女毋崇天之有命也。命三不国亦言命之无也⑧。于召公之《执令》于然⑨，且⑩："敬哉！无天命，惟予二人而无造⑪，言不自降天之哉得之⑫。"在于商、夏之诗、书曰：命者，暴王作之。且今天下之士君子，将欲辩是非利害之故⑬，当天有命者⑭，不可不疾非也。执有命者，此天下之厚害也，是故子墨子非也。

①《仲虺之告》:《逸书》的篇名。仲虺，商汤的左相。告，即诰。

②阙：当作"丧厥"二字。

③居：通"倨"，傲慢。

④弃阙其先神而不祀：此句当为"弃厥先神祇而不祀也"。

⑤毋僇其务：当为"毋缪罪厉"。

⑥天不亦弃纵而不葆：此句当作"天亦纵弃之而不葆"。

⑦有：即"又"。不：当为"百"。

⑧命三不：当作"今三代百"。

⑨于然：即"亦然"。

⑩且：当作"曰"。

⑪造：当即"诰"，即告诫之意。

⑫言不自降天之哉得之：当为"吉不降自天，是我得之"。

⑬辩：通"辨"。

⑭天：当为"扎"，即"执"字。

【译文】

　　圣王担忧这个问题已经太久了，所以把它书写在竹帛上，雕刻在金属和石头上。在先王的书《仲虺之诰》中说："我听说夏代的人假托天命，对下面的人发布命令，所以天帝厌恶他，使他丧失了军队。"这是说夏朝的君王桀坚持有天命，而商汤与仲虺共同来批驳他。先王的书《太誓》里也这样说："纣非常倨傲，并且不肯侍奉上帝，抛弃他祖先的神灵而不去祭祀，说：'我有天命。'并且不悔改他的罪愆。上天也抛弃了他而不保佑他。"这是说纣王坚持有天命，而周武王用《太誓》来反驳他。又在三代百国的书中也说：你们不要崇信上天是有天命的。现在三代百国的书中都说天命是没有的。而召公的《执令》也如此说："要恭敬啊！不要相信天命，只有我们两人执政，不能不互相告诫，好事不会自己从天上掉下来，都是我们自己求得的。"在商、夏时代的诗、书中说：天命是暴君伪造的。现在天下的士人君子，想要辨明是非利害的原因，对于坚持有天命的人，不能不赶快反驳。坚持有天命的人，是天下的大害，所以墨子反驳他们。

# 非儒下

　　《韩非子》里说"世之显学，儒墨也"，在战国百家争鸣的局面下，儒家与墨家这两个学派凭借自己的理论学说与其核心人物的杰出作用，产生了极大的影响力，当然，两家也形成了互相对峙的局面。在前文中，我们可以看到，墨子的许多主张都是在反对儒家的实践中形成的，不过，那些主张还都是正面的立论，这一篇则集其成，系统地对儒家进行了批判。

　　文章的前半部分列举了儒家学派的七个主要观点，并一一批驳，这些批驳都极为犀利，如批判其等级观念的自相矛盾，天命观，军事主张，礼乐主张的迂腐，崇古思想的可笑，等等，的确能够抓住儒家思想的要害，并且具有极强的逻辑力量。文章的后半部分则集中对儒家的代表人物孔子进行批判，而且言论更为激烈，甚至有些地方干脆就是攻击。不过，不管他所说的是否真实，都提供给我们一个审视儒家和孔子的新角度，并且，也可以感受到那个万念竞萌的争鸣时代。当然，指名道姓地攻击孔子对封建社会的学者而言还是很难接受的，比如毕沅，他把文中所有提及"孔丘"的地方全部换成了"孔某"来为孔子讳，后世的版本也都全部沿用。

儒者曰：亲亲有术①，尊贤有等。言亲疏尊卑之异也。其礼曰：丧父母三年，其、后子三年②，伯父叔父弟兄庶子其③，戚族人五月。若以亲疏为岁月之数，则亲者多而疏者少矣，是妻、后子与父同也④。若以尊卑为岁月数，则是尊其妻子与父母同⑤，而亲伯父宗兄而卑子也⑥，逆孰大焉。其亲死，列尸弗敛，登屋窥井，挑鼠穴，探涤器，而求其人焉。以为实在，则戆愚甚矣！如其亡也，必求焉，伪亦大矣！取妻身迎，祗褍为仆⑦，秉辔授绥，如仰严亲。昏礼威仪，如承祭祀。颠覆上下，悖逆父母，下则妻子⑧，妻子上侵事亲，迎妻若此⑨，可谓孝乎？儒者曰：妻之奉祭祀，子将守宗庙，故重之。应之曰：此诬言也。其宗兄守其先宗庙数十年，死丧之其；兄弟之妻奉其先之祭祀，弗散⑩。则丧妻子三年，必非以守奉祭祀也。夫忧妻子以大负累⑪，有曰：所以重亲也。为欲厚所至私，轻所至重，岂非大奸也哉！

**【注释】**

①术：当为"杀"，即"差"字。

②其：当为"妻"字之误。后子：父后之子，即长子。

③其：即"期"，一年。

④父：当作"父母"。

⑤"若以尊卑"二句：当作"若以尊卑为岁月之数，则尊者多而卑者少矣，是尊其妻、后子与父母同"。

⑥亲：当作"视"。而：读为"如"。卑子：即婢子，
　　奴婢所生之子，就是庶子。

⑦祇裯：当为"缁袘"（zī yì），一处黑色下缘的衣服。

⑧下则妻子：疑当作"父母下列"。

⑨迎妻：此二字原在"妻之奉祭祀"之上，依文义移此。

⑩散：当为"服"。

⑪忧：即"优"。以：当为"已"。负累（lěi）：错误。

**【译文】**

　　儒家学派的人说：爱敬亲人是有差别的，尊敬贤人是有等级的。这是说亲疏、尊卑是不同的。他们的礼法规定：父母死了要服丧三年，妻子和长子死了也要服丧三年，伯父、叔父、兄弟、庶子死了服丧一年，亲戚和同族人死了服丧五个月。如果按照亲疏关系来确定服丧年月多少的话，那就亲近的多而疏远的少，那么，对妻子、长子的服丧时间就与父母的一样了。如果以尊卑高下来确定服丧年月多少的话，那就尊贵的多而低贱的少，那么，对妻子、长子的服丧时间就与父母的一样了，却把伯父与同族兄长看作庶子一样了，这是多么大逆不道啊。他的亲人死了，却把尸体陈列着不入殓，或登上屋顶以望远，或窥探水井之深，或挖掘鼠洞以察幽微，或拿出洗涤的器具以见先人手泽，用这些方法来招求死者的灵魂。如果真的以为死者的魂灵还在，那就太愚蠢了！如果明知没有魂灵，却还一定要寻求，那也太虚伪了！娶妻要亲自迎接，穿着黑色下缘的衣服来做仆人的事，拉着马缰绳并把上车的绳递给新娘，像为父母驾车一样恭敬。婚礼的隆重，就像在祭祀祖先一

样。颠倒上下，违逆父母，父母地位竟列于下，而妻子、长子的权力却向上侵犯了父母，像这样迎亲，可以称为孝顺吗？儒家的人回答说：妻子要供奉祭祀，儿子要承守宗庙，所以要重视啊。我们回应他说：这是说谎。他们的宗族兄长守护祖先宗庙几十年了，死后却只为他们服丧一年；兄长与弟弟的妻子也供奉他们先人的祭祀，却不为她们服丧。那么为妻子、长子服丧三年，肯定不是因为他们守宗庙奉祭祀了。这样过于厚待妻子、长子已经是个大错误了，却又说：这样做是为了尊重父母。想要厚爱自己所喜爱的人，又轻视自己应当尊重的人，这难道不是非常奸邪的事情么？

　　有强执有命以说议曰①：寿夭贫富，安危治乱，固有天命，不可损益。穷达赏罚幸否有极，人之知力，不能为焉。群吏信之，则怠于分职；庶人信之，则怠于从事。吏不治则乱，农事缓则贫。贫且乱政之本，而儒者以为道教②，是贼天下之人者也。且夫繁饰礼乐以淫人，久丧伪哀以谩亲，立命缓贫而高浩居③，倍本弃事而安怠傲④。贪于饮食，惰于作务，陷于饥寒，危于冻馁，无以违之。是若鼸鼠藏人气⑤，而羝羊视⑥，贲彘起⑦。君子笑之，怒曰：散人！焉知良儒！夫夏乞麦禾，五谷既收，大丧是随，子姓皆从，得厌饮食。毕治数丧，足以至矣。因人之家以为翠⑧，恃人之野以为尊。富人有丧，乃大说，喜曰：此衣食之端也。

【注释】

①有：读为"又"。

②道：即"导"。

③缓：有"安"的意思。浩居：即为"傲倨"。

④彻：疑当作"散"。

⑤鼸（xiàn）鼠：即田鼠，古人认为其能在颊内藏食。
　人气：人们待客的米，此二字原在"是若"之下，
　移于此。

⑥羝（dī）：公羊。

⑦贲：通"豶"（fén），被阉割的公猪。

⑧翠：即"腃"，肥的意思。此字原在"以为"之前，
　据文例移于其后。

【译文】

　　又有儒家之徒坚持有天命的论调并说：长寿与短命，贫穷与富贵，平安与危险，治理与混乱，本来就是有天命的，不能减少或增加。得志与不得志，受赏与遭罚，吉祥与灾祸，都是有定数的，人的智慧与力量是不能改变的。官吏们听信了它，就会懈怠他们分内的职责；民众听信了它，就会荒废他们的生产。官吏不治理政事国家就会混乱，农业生产缓慢了国家就会贫困。贫困是扰乱政治的根本，而儒家的人却把这当作引导人们的教义，其实这是在残害天下的人啊。再者儒家制定繁琐的礼乐制度来使人淫逸，用久丧和虚假的悲哀来欺骗双亲，确立天命说让人安于贫困并以此傲世，违背治国的根本、荒废天下的生产，却安于懈怠与懒散。他们贪图吃喝，懒于劳作，以至于陷入饥

寒之中，有冻饿而死的危险，却无法摆脱困境。这些人都像田鼠一样得到食物就藏起来，像公羊一样瞪着眼睛看东西，像公猪一样发怒。君子嘲笑他们，他们就生气地说：没用的人！你们哪里理解高尚的儒家之士！他们夏天向人乞讨麦子和稻子，五谷都收割完后，靠替人办理丧事混饭吃，他们的子孙也都跟着去，得到吃饱喝足的机会。办理过几次丧事之后，他们的生活之资也就足够了。他们依靠别人的家产来养肥自己，依靠别人的田地来称尊。有钱人家有丧事，就非常高兴，欣喜地说：这是衣食的来源啊！

儒者曰：君子必服古言然后仁①。应之曰：所谓古之言服者，皆尝新矣，而古人言之服之，则非君子也。然则必服非君子之服，言非君子之言，而后仁乎？又曰：君子循而不作。应之曰：古者羿作弓②，伃作甲③，奚仲作车④，巧垂作舟⑤，然则今之鲍函车匠⑥，皆君子也；而羿、伃、奚仲、巧垂皆小人邪？且其所循人必或作之，然则其所循皆小人道也？

【注释】

①服古：当作"古服"。

②羿：古代传说中善于射箭的人，相传弓箭就是他制造的。

③伃（yú）：即禹的七世孙季杼，据说是他发明的铠甲。

④奚仲：夏朝的车正，相传他发明了车。

⑤巧垂：尧时的能工巧匠，传说他发明了船。

⑥鲍：即"鞄"字，指揉制皮革的工匠。函：即"铘"字，制造铠甲的工匠。

【译文】

儒家之士说：君子必须依照古例来发表言论和穿衣服，这样做才合于仁义。我们回应说：所谓古代的言论和服饰，都曾经是新的，而古人用了这些言论与服饰，那他们就不是君子了。那么就一定要穿不是君子所穿的衣服，说不是君子所说的话，这才合于仁义吗？儒家之士又说：君子只遵循前人的做法而不创造。我们回应他说：古代的羿制造了弓箭，仔制造了铠甲，奚仲制造了车，巧垂制造了船，那么今天的皮匠、铁匠、车工、木匠都是君子；而羿、仔、奚仲、巧垂都是小人了？况且他们所遵循的东西，一定是有人创作的，这样的话，后人所遵循的都是小人之道？

又曰：君子胜不逐奔，揜函弗射①，强则助之胥车②。应之曰：若皆仁人也，则无说而相与。仁人以其取舍是非之理相告，无故从有故也，弗知从有知也，无辞必服，见善必迁，何故相③？若两暴交争，其胜者欲不逐奔，揜函弗射，施则助之胥车④，虽尽能，犹且不得为君子也。意暴残之国也，圣将为世除害，兴师诛罚，胜将因用儒术令士卒曰：毋逐奔，揜函勿射，施则助之胥车。暴乱之人也得活，天下害不除，是为群残父母而深贱世也⑤，不义莫大焉！

**【注释】**

①捀：即"掩"。函：即"藏"。

②强：即"彊"，借为"僵"。胥车：即坚车。

③相：当为"相与"。

④施：当为"强"。下同。

⑤贱：当为"贼"。

**【译文】**

儒家之士又说：君子胜利了就不再追赶逃跑的敌人，不要射击那些躲藏起来的人，用坚固的车来救助那些受伤僵仆的人。我们回应他说：如果都是仁义的人，就没有相互为敌的理由。仁人把自己取舍是非的道理互相告知，没理的一方听从有理的一方，没有智慧的听从有智慧的，自己无话可说就必定要折服于对方，看到好的就一定会改正自己，怎么会互相敌对呢？如果两个恶人互相争斗，胜利的人想不追赶逃跑的敌人，不射击那些躲藏起来的人，用坚固的车来救助那些受伤僵仆的人，这些即使都能做到，还是不能被称为君子。对于暴君统治的国家，圣人准备为世人除害，派军队去诛罚，如果胜利了就用儒家的办法来命令士卒说：不要追赶逃跑的敌人，不射击那些躲藏起来的人，用坚固的车来救助那些受伤僵仆的人。那么残暴作乱的人就会得以活命，天下的祸害也没有除掉，这是残害民众的父母并且深深地残害天下的人，没有比这更大的不义了。

又曰：君子若钟，击之则鸣，弗击不鸣。应之曰：夫仁人事上竭忠，事亲得孝，务善则美，有过则谏，此为人臣之道也。今击之则鸣，弗击不鸣，隐知豫力①，恬漠待问而后对。虽有君亲之大利，弗问不言。若将有大寇乱，盗贼将作，若机辟将发也②，他人不知，己独知之，虽其君亲皆在，不问不言，是夫大乱之贼也！以是为人臣不忠，为子不孝，事兄不弟③，交，遇人不贞良。夫执后不言，之朝，物见利使己④，虽恐后言⑤。君若言而未有利焉，则高拱下视，会噎为深，曰：唯其未之学也⑥。用谁急⑦，遗行远矣。

【注释】

①知：同"智"。豫力：不出余力，不竭尽全力。豫，犹"储"。

②机辟：打猎所用的弓箭。

③弟：通"悌"。

④物：视察的意思。

⑤虽：即"唯"。

⑥其：当为"斯"。

⑦谁：即当为"虽"。

【译文】

儒家之士又说：君子就像钟一样，敲击它就发出声音，不敲击就没有声音。我们回应他说：仁义的人事奉君主应当尽忠，侍奉父母应当尽孝，看到好的要赞美，看到过失要劝谏，这是做臣子的原则。现在却敲击它才响，不敲击就不响，隐藏自己的智慧并留有余力，恬静淡漠地等待别人问才回答。即使有对君主与父母极为有利的事，不问到也不说。如果有大的叛乱要发生，有盗贼要举事，就如箭在弦上一样紧急，别人都不知道，就自己知道，即使君主和父母都在，不问到也不说，这简直就是做乱的盗贼了！用这种态度来做君主的臣子则不忠，做父母的儿子则不孝，对待兄长就不恭顺，与人交友就不诚实善良。他们遇事后退不言，但到朝廷上，看到对自己有利的事，唯恐说得晚了。君主如果说了对他没有利的话，他们就会高拱双手，眼睛往下看，好像被噎得很厉害一样，并说：只有这个我没有学过。事情即使很紧急，他却会远远地走开。

　　夫一道术学业仁义也，皆大以治人，小以任官，远施用偏①，近以修身。不义不处，非理不行。务兴天下之利，曲直周旋，利则止②，此君子之道也。以所闻孔丘之行，则本与此相反谬也。齐景公问晏子曰③：孔子为人何如？晏子不对。公又复问，不对。景公曰：以孔丘语寡人者众矣，俱以贤人也。今寡人问之，而子不对，何也？晏子对曰：婴不肖，不足以知贤人。虽然，婴闻所谓贤人者，入人之国，必务合其君臣之亲，而弭其上下之怨。孔丘之荆，知白公之谋，而奉之以石乞，君身几灭，而白公僇④。婴闻贤人得上不虚，得下不危，言听于君必利人，教行下必于上⑤。是以言明而易知也，行明而易从也。行义可明乎民，谋虑可通乎君臣。

今孔丘深虑同谋以奉贼，劳思尽知以行邪，劝下乱上，教臣杀君，非贤人之行也。入人之国，而与人之贼，非义之类也。知人不忠，趣之为乱⑥，非仁义之也⑦。逃人而后谋，避人而后言，行义不可明于民，谋虑不可通于君臣，婴不知孔丘之有异于白公也，是以不对。景公曰：呜乎！贶寡人者众矣⑧，非夫子，则吾终身不知孔丘之与白公同也。

**【注释】**

①远施用偏：当为"远用偏施"。偏，通"遍"。

②利：当作"不利"。

③齐景公：齐国国君，名杵臼。晏子：即晏婴，齐国著名的政治家。

④"孔丘之荆"五句：白公胜与石乞作乱在鲁哀公十六年，而这一年孔子去世，不在楚国。白公，楚平王的孙子，名字叫胜。白公胜之父被郑人所杀，他一心要灭郑报仇，而楚相子西救郑。白公遂阴谋杀死子西夺取楚国王位。石乞，白公胜的心腹。

⑤教行下必于上：此句当为"教行于下必利上"。

⑥趣（cù）：促使，怂恿。

⑦非仁义之也：此句当为"非仁之类也"。

⑧贶（kuàng）：赐予，赠予。

**【译文】**

能够统一道术与学业的是仁义，大可以治理人民，小可以任用官吏，远可以普遍施恩，近可以修身。不义的地方不停留，不合理的事不做。务求兴办对天下有利的事，曲折反复也要去做，没有利就停止，这才是君子的原则。用所听到的孔丘的行为来对比，其根本就是相反的。齐景公问晏子说：孔子为人怎么样？晏子不回答。齐景公又问，晏子还是不回答。齐景公说：跟我说孔子的人很多，都认为他是贤人。现在我问到他，而你不回答，为什么呢？晏子回答说：我晏婴无能，没有能力识别贤人。虽然如此，我听说所谓的贤人，到别的国家去，必定要促进君臣间的亲密关系，消除上下之间的怨恨。孔丘到楚国去，知道了白公胜作乱的阴谋，却给他推荐了石乞去帮助他，使楚国国君差点遇害，而白公胜遭到杀戮。我听说贤人得到君主信任就不会辜负，得到下人爱护就不会危险，言论令国君听信就必定对民众有利，教化施行于天下必定有利于君主。所以言语明白就易于理解，行为明确就易于依从。行仁义可以让民众知道，出谋划策可以让君臣知道。现在孔丘老谋深算地去帮助贼人，竭尽心智去做偏邪的事，鼓动下面的人反抗上面的人，教唆臣子去杀君主，这不是贤人的行为。到别人的国家里去，却与别国的贼人结交，这不是讲义的人。知道有人不忠心，却还怂恿他去作乱，这不是讲仁的人。在人背后谋划，在人背后说话，行义举不让民众明白，出谋划策不让君臣知道，我不知道孔丘有什么不同于白公胜的，所以不回答。齐景公说：啊，你赠予我的太多了，若不是你，那我一辈子都不会知道孔丘竟是与白公胜一样的人。

孔丘之齐见景公，景公说，欲封之以尼谿，以告晏子。晏子曰：不可！夫儒，浩居而自顺者也①，不可以教下；好乐而淫人，不可使亲治；立命而怠事，不可使守职；宗丧循哀，不可使慈民；机服勉容②，不可使导众。孔丘盛容修饰以蛊世，弦歌鼓舞以聚徒，繁登降之礼以示仪，务趋翔之节以观众③。博学不可使议世，劳思不可以补民，累寿不能尽其学，当年不能行其礼，积财不能赡其乐。繁饰邪术以营世君，盛为声乐以淫遇民。其道不可以期世，其学不可以导众。今君封之，以利齐俗，非所以导国先众。公曰：善！于是厚其礼，留其封，敬见而不问其道。孔丘乃志怒于景公与晏子，乃树鸱夷子皮于田常之门④，告南郭惠子以所欲为，归于鲁。有顷，闲齐将伐鲁⑤，告子贡曰⑥：赐乎！举大事于今之时矣！乃遣子贡之齐，因南郭惠子以见田常，劝之伐吴，以教高、国、鲍、晏⑦，使毋得害田常之乱，劝越伐吴。三年之内，齐、吴破国之难，伏尸以言术数⑧，孔丘之诛也！

**【注释】**

①浩居：即为"傲倨"。

②机：当为"异"。

③趋：快步走，疾走。翔：悠闲地行走。

④鸱夷子皮：越国的范蠡在灭吴后曾改名为"鸱夷子皮"，但其时孔子已死。田常：也写为陈恒，即田

成子，曾弑齐简公而篡夺齐国政权，但此事发生时，越国还没灭吴，范蠡尚在越。

⑤闲：当为"闻"。

⑥子贡：孔子的弟子，名赐。

⑦高、国、鲍、晏：齐国当时的四大贵族。

⑧言术：疑当为"意率"，意，即"亿"。

**【译文】**

孔丘到齐国去见齐景公，齐景公很高兴，想把尼谿封给他，并告诉了晏子。晏子说：不行！儒家之士是骄傲轻慢而又自以为是的人，不能教化下民；爱好音乐使人贪图享乐，不能让他们亲自治理政事；坚持有天命的论调并懈怠于做事，不能给他们官职；主张厚葬且悲哀不止，不能爱护民众；穿着奇异的服装而故作恭敬的姿态，不能让他引导民众。孔丘过分地讲究仪容服饰来蛊惑世人，奏乐唱歌打鼓跳舞来聚集门徒，讲究繁琐的登降礼节来显示礼仪，致力于小步快走或悠闲慢步的礼节让民众观看。虽然博学但不能让他们来议论世事，殚精竭虑却对人民没有补益，人们几辈子都不能穷尽他们的学问，已经年长了还是不会行他们的礼，积累的财产也不足以供他们来作乐。他们美化自己的邪说来迷惑当世的君主，制作盛大的音乐使民众贪图享乐。他们的理论不能引导世俗，他们的学问不能指导民众。现在您想封赏他，想有利于齐国的风俗，这不是引导国家指导民众的办法。齐景公说：好！于是用厚礼对待孔子，却把封地留下了，恭敬地接见他，却不问他的学说。孔丘对齐景公与晏子都很生气，就把鸱夷子皮介绍到田常门下，并告诉南郭惠子自己的报复计划，而后回到了鲁国。过了一些时候，听说齐国准备攻打鲁国，就告诉子贡说：子贡啊，做大事就要趁现在这个时机啊！于是派子贡到齐国去，通过南郭惠子见到田常，劝他去攻打吴国，又教高氏、国氏、鲍氏、晏氏不要妨碍田常作乱，又劝越国攻打吴国。在三年之内，齐国、吴国都遭到国家破灭的灾难，死了十多万人，这都是孔丘杀的呀！

　　孔丘为鲁司寇①，舍公家而于季孙②，季孙相鲁君而走，季孙与邑人争门关③，决植④。孔丘穷于蔡陈之间，藜羹不糁⑤。十日，子路为享豚，孔丘不问肉之所由来而食。褫人衣以酤酒⑥，孔丘不问酒之所由来而饮。哀公迎孔子，席不端弗坐，割不正弗食。子路进，请曰：何其与陈蔡反也？孔丘曰：来！吾语女。曩与女为苟生⑦，今与女为苟义。夫饥约则不辞妄取以活身，赢饱则伪行以自饰⑧。污邪诈伪，孰大于此！

【注释】

① 司寇：古代官名，专管审理案件的事。

② 于：犹"与"，相与、交厚之意。季孙：鲁国贵族，掌握鲁国大权。

③ "季孙相鲁君"二句：此二句前各本有"季孙"二字，当删。

④ 决植：托举门闩。决，通"抉"，撬开，托举。植，

⑤糁：同"糁（sǎn）"，米粒。

⑥褫（chǐ）：剥夺的意思。

⑦曩（nǎng）：以前。

⑧赢：即"盈"。

**【译文】**

孔丘担任鲁国司寇的时候，舍弃公家而与季孙氏亲厚，为鲁国君主的国相却又逃走，与邑人争夺门闩，他举起门闩跑掉了。孔丘被困在蔡国和陈国之间，用藜做的羹中没有米粒。过了十天，子路煮熟了一头小猪，孔丘也不问肉是从哪里来的就吃了。剥夺别人的衣服来买酒，孔丘也不问酒是从哪里来的就喝了。后来鲁哀公迎孔子回国，座席没放正他就不坐，肉切得不端正他就不吃。子路进来，问他说：您为什么与在陈蔡之地时相反了呢？孔丘说：过来，我告诉你。过去我和你是为了求生，现在我和你为了求义。饥饿的时候就不惜妄取以保全性命，吃得很饱的时候又用虚伪的行为来粉饰自己。奸诈虚伪，没有比这更大的！

孔丘与其门弟子闲坐，曰：夫舜见瞽叟①，就然②，此时天下圾乎③！周公旦非其人也邪？何为舍亓家室而托寓也④？孔丘所行，心术所至也。其徒属弟子皆效孔丘：子贡、季路辅孔悝乱乎卫⑤；阳货乱乎齐⑥；佛肸以中牟叛⑦；桼雕刑残⑧。莫大焉⑨。夫为弟子后生其师⑩，必修其言，法其行，力不足知弗及而后已。今孔丘之行如此，儒士则可以疑矣。

**【注释】**

①瞽（gǔ）叟：舜的父亲。

②就然：惊悚、恭敬的样子。就，通"蹙"。

③圾：即"岌"，危险的意思。

④舍亓家室而托寓：据说周公辅佐年幼的成王，成王长大后，便把权力还给他，自己舍弃三公之位，住到东方去。亓，"其"的古字。

⑤孔悝（kuī）：卫国执掌大权的贵族，曾与被卫灵公驱逐的卫太子蒯聩结盟赶走了已继承灵公君位的蒯聩之子卫出公辄。

⑥阳货：鲁国季氏家臣，有人认为他是孔子的弟子。

⑦佛肸（bìxī）：春秋时晋国中牟县宰，曾发动叛乱，使人召孔子，孔子想去，被弟子劝阻。

⑧㯥雕：孔子弟子，复姓漆雕。刑残：用刑严酷。

⑨莫大焉：句前疑脱一"暴"字。

⑩其：意同"之"。

**【译文】**

　　孔丘和他的门下弟子闲坐，说：舜见了瞽叟，总是蹙然不安，当时天下真危险呀！周公旦还称不上是仁义之人吧？他为什么抛弃他的家室而寄居在外呢？孔丘的所作所为，都由他的心术所决定。他的门人弟子都效法孔丘：子贡、季路辅佐孔悝在卫国作乱；阳货在齐作乱；佛肸占据中牟发动叛乱；漆雕氏极为残暴。暴戾没有比这更大的了。凡是为弟子的老师，弟子必定会学习他的语言，效法他的行为，直到力量不足、智力不及才作罢。现在孔丘的行为却是这个样子，那么一般的儒家之士就很可怀疑了。

# 墨经·光学类

　　《墨子》中有一类极为独特的文字，那就是中国古代著述史上号称难读的《墨经》。一般认为《墨经》包括《经上》、《经下》、《经说上》、《经说下》，有的研究者把《大取》、《小取》二篇也算进来，共六篇。之所以难读，有两点：一是形式上的，其语句古奥难通，加之文极约而义极丰，且文字的错讹与淆乱也极多，造成了阅读上的障碍；二是内容上的，《墨经》包括了先秦以来中华文化中积累的各种知识与经验，如谭戒甫的《墨经分类译注》一书就大致分出名言类、自然类、数学类、力学类、光学类、认识类、辩术类、辩学类、政法类、经济类、教学类和伦理类来，很多都是极为专业的知识，一般人读起来当然会有困难。现据谭戒甫《墨经分类译注》一书，选择其"光学类"的八条，其间涉及了小孔成像原理、凹透镜与凸透镜成像原理等在当时远远领先于世界的内容。

【经】景不徙①。(下经：18②)

说在改为③。

【说】④景：光至，景。亡，若在；尽，古息⑤。

【注释】

①景：同"影"。不：为衍文，当删。

②下经：18：《墨经》为分上、下两部分，关于光学的
　八条均在《经下第四十一》中，其后之数字指此条
　文字原在《墨经》中的位置。

③为：读为"伪"，亦作"讹"，即变化之义。

④说：《墨经》中，"经"分为上下两部分，其后又有
　"经说"的上下两部分，这是与"经"相辅以解释经
　的，故名"说"。本书将与经文相关的"经说"文
　字也列于同一条来注解。

⑤"光至"几句：所指实为一种生活经验，如持一炽
　热的火炭挥舞，就会发现出现了连续的光的线条，
　这些线条看似连贯之线，其实却是一节一节间断
　的。光至，指光的迅速移动。亡，同"无"。尽，
　指全有。古，同"姑"。

【译文】

【经】光下的影子移动。

由于物体的连续变化。

【说】比如一个光点快速移动，会出现连续成线的光
影。这些光影没有的地方好像是有，有的地方又好像是
没有。

【经】景二<sup>①</sup>。（下经：19）

说在重。

【说】景：二光夹一光<sup>②</sup>。

一光者景也。

**【注释】**

①景二：一个物体放在光体前，其光线被阻后形成的
黑暗处称为影，即"本影"，又有虚影在本影周边，
称为"副影"。

②二光夹一光：此句释上面的原理，见下图：
光体 AB 四射的光线经过物体 CD 在后边的屏上形成
了暗影。这种影子一个是通过光点 A 经过 C 到达 E、
光点 B 通过 D 到达 F 而形成的；而光点 A 还通过 D
到达了 G，光点 B 还通过 C 到达了 H，那么 GH 也形
成了一个影子，这个影子是个虚影。所以叫"二光
夹一光"。

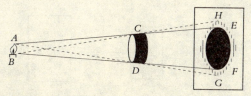

**【译文】**

【经】光体成影有两个。

因为发生了重影。

【说】两光线夹一个光体。

一光点形成一影。

【经】景到<sup>①</sup>，在午有端<sup>②</sup>，与景长<sup>③</sup>。（下经：20）

说在端。

【说】景：光之人<sup>④</sup>，照若射。

下者之人也高；高者之人也下。

足蔽下光，故成景于上；首蔽上光，故成景于下。

在远近有端与于光，故景库内也<sup>⑤</sup>。

**【注释】**

①到：即"倒"。

②午：即几何中所说的交点。端：即点，指小孔。

③与景长：关系光线长短。与，读为"预"，关系到某事的意思。

④之：即"至"，此言光线是直行的。

⑤故景库内也：按，这一条主要说的就是小孔成像的原理，见下图：

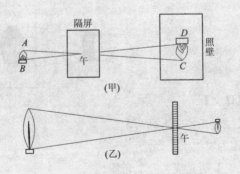

（甲）

（乙）

看图甲：AB 为一个光体，其光线穿过隔屏的小孔而射于照壁上，会形成 CD 这样的倒影。而且墨子也指出了其原因，就是在于光线是直线传播的，那么 A 点光线通过小孔后在照壁上却为 C 点，而以此类推，所有的光点都是这样形成影子，直到 B 点通过小孔达到 D 点，就会在照壁上形成倒影。至于"与景长"，则可看图乙。也就是说，影子的长短大小取决于光线的长短，实际也可以说是取决于隔屏在光体与照壁间的位置，距光近，距照壁远，则影大于实物，如图甲；若距照壁近而距光体远，则影小于实物，如图乙。

**【译文】**

【经】影子倒立，在于光线交点处有小孔，而影子的大小系于光线的长短。

因为交点极小。

【说】光线照到人身上像射出的箭一样直。

所以下边的光线射到人反而在高处；上边的光线射到人反而在低处。

脚挡住了下边的光线，所以成像在上边；头挡住了上边的光线，所以成像在下边。

交点的远近会关系到光线，因此也关系到通过小孔的影子。


【经】景迎日。（下经：21）

说在转①。

【说】景：日之光反烛人，则景在日与人之间②。

**【注释】**

①转：指日光的反射。

②"日之光"二句：此指日光照在反光体如镜子上，反射出的光若照到人体再形成的影子，则会落入人与日光之间。

**【译文】**

**【经】** 影子向着日光。

在于日光的反射。

**【说】** 太阳光经过反射照到人，则影子在太阳与人中间。

**【经】** 景之小大①。（下经：22）

说在杝正、远近②。

**【说】** 景：木正③，景短、大；木杝，景长、小。

火小于木，则景大于木，非独小也④。

远近⑤。

**【注释】**

①景：此条指光。

②杝（yí）正：即地正，斜正的意思。

③木：代指受光的物体。

④非独小也：这句是省文，意思是说不只是"火小于木"成立，反过来，"火大于木，则景小于木"也成立。

⑤远近：亦为省文。意思是说，上条所说的小与大二项用远与近来说也成立。这里指物体距光体越远，

其受光面积越大，但光的强度越小；距光体越近，
其受光面积越小，而光的强度越大。

**【译文】**

**【经】**影子有大小的区别。

原因在于受光的物体有斜正与远近的区别。

**【说】**物体正，所受光照的面积小而光的强度大；物体斜，所受光照的面积大而光的强度小。

光体小于物体，影子就大于物体；不只是小会这样。

远近也是一样。


**【经】**临鉴而立，景到①。（下经：23）

多而若少②。

说在寡区③。

**【说】**临：正鉴，景寡。

貌能、白黑、远近、柂正，异于光④。

鉴当，景俱⑤。

就、去，亦当俱，俱用北⑥。

鉴者之臬于鉴⑦，无所不鉴。

景之臬无数，而必过正；故同处其体俱，然鉴分。


**【注释】**

①景：此处指像。

②多而若少：此指二平镜的重复反射原理，即二镜角度小，成像多；二镜角度大，成像就少。

③寡区：一个平镜为一百八十度，但只成一像，而折为九十度，则成三像（有一像在镜的背后），至十二度时，成二十九像：角度大小与成像多少成反比。所以说"多而若少"，其原因在于成像多的，其角度之区面寡少，反射重复。

④"貌能"二句：这一句是解释经文中"景到"二字的。能，即"态"。异，即"冀"，对望的意思。

⑤俱：指俱像。即两面镜子同时反射在一个点上的影像。

⑥"就、去"三句：此条说明两面镜子角度不同时成像数量亦不同。但都有俱像。如下图：AB与AC各

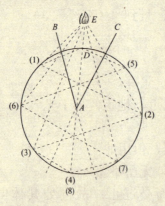

为一平面镜，其角度的开合会影响到成像的数量，现在角度BAC为45度，如果D为一物体，E为人的观察点的话，会发现，D会在平镜AB中形成像（1），而像（1）又反射入平镜AC中形成像（2），（2）再反射入AB镜中形成（3），（3）再反射入AC镜中形成（4）；反之，D也会在平镜AC中形成像（5），后依次反射得到（6）、（7）、（8），而像（8）与像（4）是重合的，而且这一"俱像"是成像于镜子的背面，所以是看不到的。就，靠拢。去，摆开。北，同"背"。

⑦臬（niè）：本指射箭的靶子，此代指光线的反射。

**【译文】**

**【经】**一个物体立在镜子上，所成的像是倒着的。

物体放在两个平镜之间，成像有时多，有时少。

由于和两个平镜角度大小成反比例的缘故。

**【说】**平面镜成像只有一个。

影倒是因为像的形态、白黑、远近、斜正，都是人的眼睛看到的是反射出来的光线的缘故。

两个平镜的一端相接而成直角时，有合在一起的俱像。

两个平镜夹成的直角再靠拢一些或摆开一些，也应当有俱像，只是因在镜的背后而不见了。

临镜物体反射于镜面间，都是互相对望的。

像的反射很多，但必定角度不要太正；所以同一处的部分虽有俱像，但两个镜子的界限却是分明的。

**【经】**鉴低①，景二——一小而易②；一大而正。（下经：24）

说在中之外、内③。

**【说】**鉴：中之内，鉴者——远中，则所鉴大，景亦大；近中，则所鉴小，景亦小；而必正。起于中缘正而长其直也。

中之外，鉴者——近中，则所鉴大，景亦大；远中，则所鉴小，景亦小；而必易。合于中缘正而长其直也④。

【注释】

①鉴低：此低指镜面的凹入，故指凹透镜。

②易：倒置。

③中：据谭戒甫说，此"中"字兼指焦点与弧心而言。

④合于中缘正而长其直也：按，此节是讲凹透镜成像原理的，需要知道共轭点这个概念：当一个物体放在某个位置上能得到一个实像时，可以把物体移到像的位置，在物体原来所在的位置就会得到一个像。这样可以互换的位置叫做透镜的"共轭点"。

【译文】

【经】凹面镜成像分两类：一是小且倒着的；一是大且正着的。

这是由于光体一在弧心以外，一在焦点以内的缘故。

【说】在焦点以内：光体远于焦点，则所照的光强，像也大；近于焦点，则所照的光弱，像也小；但都必定是正立的。当光体最近于焦点，平行于正轴的光线反射向后引长，当成为极长的共轭点，而像更远离镜后了。

在弧心以外：光体近于弧心，则所照的光强，像也大；远于弧心，则所照的光弱，像也小；但像都是倒着的。当光体合于弧心，则平行于正轴的光线反射，当成极长的共轭点，而像则与光体相等而仍为倒像。

【经】鉴团①，景一。（下经：25）

说在荆之大②。

【说】鉴：鉴者近，则所鉴大，景亦大；亓远③，所鉴小，景亦小；而必正。

　　景过正，故招。

【注释】

①团：指镜面如球状，即凸镜。

②荆：通常写为"刑"，即"形"，指光体。

③亓："其"的古字。

【译文】

【经】凸面镜成像只有一个。

以光体总是较大的缘故。

【说】光体移近于镜，则所照的光强，而所成的像也大；光体移远，则光较弱，而像也小；但这些像必定都是正的。

若光体离镜太远，像就反常，所以招摇无定了。

# 耕　柱

　　在先秦的论说文中，《墨子》的文章最先脱离了语录体那种片断式的面貌，并走向了专题性散文的范式。这在前面的文章中看得很清楚。然而，从这一篇开始，在以下的几篇中，《墨子》又突然回归到语录体，由此可见《墨子》在文体上的游移不定。

　　因为是语录体，所以内容较为驳杂，并没有一个固定的核心，通常是一问一答，在问答中表现墨子的一些主张。但是，正因为如此，这篇文章却更鲜明地体现出了墨子多方面的形象：如与巫马子的几次对话体现了他的机智、善辩；与治徒娱、公孟子的对话表现出了他的通达；与子夏之徒、鲁阳文君的对话又充满了凛然的气象；而与其弟子高石子的一段则更为生动，可以比之于《论语》中的侍坐一节。

子墨子怒耕柱子①。耕柱子曰："我毋俞于人乎②？"子墨子曰："我将上大行③，驾骥与羊，我将谁驱？"耕柱子曰："将驱骥也。"子墨子曰："何故驱骥也？"耕柱子曰："骥足以责。"子墨子曰："我亦以子为足以责。"

【注释】

①耕柱子：墨子的弟子。

②俞：即"愈"，胜过的意思。

③大行：即太行。

【译文】

墨子对耕柱子发怒。耕柱子说："难道我没有胜过别人的地方吗？"墨子说："我准备上太行山，驾车的有良马和羊，我应该驾驭哪一个呢？"耕柱子说："应该驾驭良马。"墨子说："为什么要驾良马呢？"耕柱子说："因为良马可以担负起驾车上山的责任。"墨子说："我认为你也足以担负重任啊。"

巫马子谓子墨子曰①："鬼神孰与圣人明智？"子墨子曰："鬼神之明智于圣人，犹聪耳明目之与聋瞽也②。昔者夏后开使蜚廉折金于山川③，而陶铸之于昆吾。是使翁难卜于白若之龟④，曰：'鼎成三足而方，不炊而自烹，不举而自臧⑤，不迁而自行，此祭于昆吾之虚⑥，上乡⑦！'卜人言兆之由曰：'飨矣！逢逢白云⑧，一南一北，一西一东，九鼎既成，迁于三国。'夏后氏失之，殷人受之；殷人失之，周人受之。夏后、殷、周之相受也，数百岁矣。使圣人聚其良臣与其桀相而谋，岂能智数百岁之后哉？而鬼神知之。是故曰：鬼神之明知于圣人也，犹聪耳明目之与聋瞽也。"

【注释】

①巫马子：人名，为儒家之士。

②瞽（gǔ）：瞎子。

③夏后开：即大禹的儿子夏启。蜚廉：即费廉，夏朝的大臣。折金：挖掘铜矿。

④翁难：占卜者的名字。白若之龟：当为"百若之龟"，即"百灵之龟"。

⑤臧：即"藏"。

⑥虚：同"墟"。

⑦上乡：即"尚飨"，请上面的鬼神来享用，古时祝辞结尾的定式。

⑧逢逢：即"篷篷"，盛大的意思。

【译文】

巫马子对墨子说："鬼神与圣人谁更明智？"墨子说："鬼神比圣人明智，就好像耳聪目明的人之于聋子和瞎子一样。从前夏启命令蜚廉在山川中开采铜矿，而在昆吾山铸鼎。于是让翁难用百灵之龟来占卜，卜辞说：'鼎铸成后有三只脚，呈方形，不生火自己就能烹调食物，不用往里面放东西它自己就会收藏，不用搬移自己就会走，以此在昆吾之墟上祭祀，请上面的鬼神来享用！'占卜的人解释了卦象的情况并说了占辞：'神已经享用了！簇簇白云，一簇在南，一簇在北，一簇在西，一簇在东，九鼎铸成后，将流传三个国家。'后来夏后氏把九鼎失落了，殷商人得到了；殷商人失落了，周人又得到了。夏、商、周的人互相传授，经历了几百年。即使圣人聚集良臣与杰出的宰相一起谋划，哪里能知道几百年之后的事呢？但是鬼神却知道。所以说：鬼神比圣人明智，就好像耳聪目明的人之于聋子和瞎子一样。"

治徒娱、县子硕问于子墨子曰①："为义孰为大务？"子墨子曰："譬若筑墙然，能筑者筑，能实壤者实壤，能欣者欣②，然后墙成也。为义犹是也，能谈辩者谈辩，能说书者说书，能从事者从事，然后义事成也。"

**【注释】**

①治徒娱、县子硕：二人名，均为墨子的弟子。

②欣：通"掀"，即挖土的意思。

**【译文】**

治徒娱、县子硕问墨子说："做义事最重要的是什么？"墨子说："就好像筑墙一样，能筑墙的就筑墙，能填土的就填土，能挖土的就挖土，这样墙才可以筑成。做义事也是这样，能演说的就演说，能讲书的就讲书，能做事的就做事，这样义事才可以成功。"

巫马子谓子墨子曰："子兼爱天下，未云利也①；我不爱天下，未云贼也。功皆未至，子何独自是而非我哉？"子墨子曰："今有燎者于此，一人奉水将灌之②，一人掺火将益之③，功皆未至，子何贵于二人？"巫马子曰："我是彼奉水者之意，而非夫掺火者之意。"子墨子曰："吾亦是吾意，而非子之意也。"

【注释】

①云：即"有"的意思。

②奉：通"捧"。

③掺：即"操"。

【译文】

巫马子对墨子说："您兼爱天下，却没有什么利益；我不爱天下，也没有什么害处。我们都没有什么结果，您为什么只认为自己正确而认为我不正确呢？"墨子说："假如现在有人在这里放火，有一个人捧水准备来灭火，有一个人又拿了火来准备助长火势，都还没有成功，你认为这两个人谁是对的呢？"巫马子说："我认为那个捧水人的用意是对的，而操火人的用意是不对的。"墨子说："我也认为我的用意是对的，而认为你的用意是不对的。"

子墨子游荆耕柱子于楚①。二三子过之，食之三升②，客之不厚。二三子复于子墨子曰："耕柱子处楚无益矣。二三子过之，食之三升，客之不厚。"子墨子曰："未可知也。"毋几何而遗十金于子墨子③，曰："后生不敢死④，有十金于此，愿夫子之用也。"子墨子曰："果未可知也！"

【注释】
①游：游扬、举荐之意。荆：疑为衍文。
②三升：古代五升相当于现在的一升，而且据《庄子》记载可知，五升才可以吃饱。
③十金：即十镒黄金，一镒二十两。
④不敢死：当为"不敢私"。

【注释】
①游：游扬、举荐之意。荆：疑为衍文。
②三升：古代五升相当于现在的一升，而且据《庄子》记载可知，五升才可以吃饱。
③十金：即十镒黄金，一镒二十两。
④不敢死：当为"不敢私"。

【译文】
墨子举荐耕柱子到楚国去做官。有几个同门去探望他，他每餐只供给三升米，招待不优厚。这几个人回来对墨子说："耕柱子在楚国也没有什么好处。我们几个人去探望他，他每餐只供给三升米，招待不优厚。"墨子说："这还不能论定。"没过多久，耕柱子送了十镒黄金给墨子，说："弟子不敢藏私，这里有十镒黄金，请老师使用。"墨子说："果然不能论定啊！"

巫马子谓子墨子曰："子之为义也，人不见而助，鬼不见而富①，而子为之，有狂疾！"子墨子曰："今使子有二臣于此，其一人者见子从事，不见子则不从事；其一人者见子亦从事，不见子亦从事，子谁贵于此二人？"巫马子曰："我贵其见我亦从事，不见我亦从事者。"子墨子曰："然则是子亦贵有狂疾者。"

【注释】

①富：即"福"。

【译文】

巫马子对墨子说："您做义事，人们没有看见您做义事来帮助您，鬼神也没有看到您做义事来福佑你，但您还是这么做，您是有疯病吧！"墨子说："现在如果你有两个家臣在这里，其中一个人见到你就做事，见不到你就不做事；另一个人见到你就做事，见不到你也做事，你在这两个人中器重谁？"巫马子说："我器重那个见到我做事，见不到我也做事的人。"墨子说："这样的话你也器重有疯病的人。"

子夏之徒问于子墨子曰①："君子有斗乎？"子墨子曰："君子无斗。"子夏之徒曰："狗豨犹有斗②，恶有士而无斗矣？"子墨子曰："伤矣哉！言则称于汤文，行则譬于狗豨，伤矣哉！"

【注释】

①子夏：孔子的弟子。

②豨（xī）：猪。

【译文】

子夏的学生问墨子说："君子之间有争斗吗？"墨子说："君子没有争斗。"子夏的学生说："狗和猪尚且有争斗，士人怎么会没有争斗呢？"墨子说："可悲啊！言谈总是列举商汤与周文王，而行为却比作狗与猪，可悲啊！"

巫马子谓子墨子曰："舍今之人而誉先王，是誉槁骨也。譬若匠人然，知槁木也①，而不知生木。"子墨子曰："天下之所以生者，以先王之道教也。今誉先王，是誉天下之所以生也。可誉而不誉，非仁也。"

**【注释】**
①槁木：枯木。
**【译文】**
巫马子对墨子说："舍弃当今的人而去称颂先王，这是在称颂枯骨啊。就像木匠一样，只知道干枯的木头，却不懂得活生生的树木。"墨子说："天下人之所以能生存，是因为用先王的原则来教化的结果。现在称颂先王，就是称颂天下人所赖以生存的东西。该称颂的却不称颂，这就是不仁。"

子墨子曰："和氏之璧①，隋侯之珠②，三棘六异③，此诸侯之所谓良宝也。可以富国家、众人民、治刑政、安社稷乎？曰：不可。所谓贵良宝者，为其可以利也④。而和氏之璧、隋侯之珠、三棘六异不可以利人，是非天下之良宝也。今用义为政于国家，国有必富，人民必众，刑政必治，社稷必安。所为贵良宝者，可以利民也，而义可以利人，故曰义，天下之良宝也。"

**【注释】**

①和氏之璧:《韩非子》里说,楚人和氏在荆山发现一块玉石,献给楚厉王和楚武王,但都被认为是用石头来欺君,被砍掉了两只脚。文王即位,和氏抱此玉在荆山下哭,文王派人去琢这块玉石,果然发现是无价之宝,后称此玉为"和氏璧"。

②隋侯之珠:古代隋国一个诸侯曾看见一条受伤的大蛇,便给它治伤,后来大蛇从江中衔了一颗明月珠来报答他,此珠便被称为"隋侯珠"。

③三棘六异:即"三翮(hé)六翼",鼎足中空叫翮,鼎的六耳叫翼,即指九鼎。

④利:当作"利民"。

**【译文】**

墨子说:"和氏璧、隋侯珠、九鼎,这都是诸侯们所认为的贵重宝物。但可以用它来使国家富有、人口增多、刑法政事得到治理、社稷得到安定吗?回答说:不行。宝物之所以值得珍视,是因为它可以让民众得利。但是和氏璧、隋侯珠与九鼎并不能让人民得利,所以这不是天下的良宝。现在用义来施政于国家,国家一定会富有,人口一定会增多,刑法与政事必定会得到治理,社稷必定会得到安定。宝物之所以值得珍视,是因为它可以让民众得利,而义可以让民众得利,所以说:义是天下值得珍视的宝物。"

叶公子高问政于仲尼<sup>①</sup>,曰:"善为政者若之何?"仲尼对曰:"善为政者,远者近之,而旧者新之。"子墨子闻之曰："叶公子高未得其问也，仲尼亦未得其所以对也。叶公子高岂不知善为政者之远者近也，而旧者新是哉②！问所以为之若之何也。不以人之所不知告人，以所知告之，故叶公子高未得其问也，仲尼亦未得其所以对也。"

**【译文】**

叶公子高向孔子请教施政之道，说："善于施政的人是怎么做的呢？"孔子回答说："善于施政的人，要使疏远的人亲近，使老交情有新鲜感。"墨子听到了，就说："叶公子高没有问出他想问的问题，孔子也没有回答出叶公子高想要知道的答案。叶公子高难道不知道善于施政的人是要使疏远的人亲近，使老交情有新鲜感吗！他是要问做到这一点应该怎么去做。不把别人不懂的告诉别人，而把别人知道的告诉别人，所以说叶公子高没有问出他想问的问题，孔子也没有回答出叶公子高想要知道的答案。"

子墨子谓鲁阳文君曰①："大国之攻小国，譬犹童子之为马也。童子之为马，足用而劳。今大国之攻小国也：攻者，农夫不得耕，妇人不得织，以守为事；攻人者，亦农夫不得耕，妇人不得织，以攻为事。故大国之攻小国也，譬犹童子之为马也。"

【注释】

①鲁阳文君：即鲁阳文子，楚平王的孙子，封于鲁山之阳。

【译文】

墨子对鲁阳文君说："大国攻打小国，就好像儿童爬在地上当马一样。儿童当马，手足疲惫、身体劳苦。现在大国来攻打小国：被攻打的，农民不能耕种，妇女不能织布，都以防守为事；进攻者，也是农民不能耕种，妇女不能织布，而都以进攻为事。所以大国攻打小国，就好像儿童爬在地上当马一样。"

子墨子曰："言足以复行者，常之①；不足以举行者，勿常。不足以举行而常之，是荡口也。"

【注释】

①常：通"尚"，崇尚。

【译文】

墨子说："言论如果能够多次验证于行动的话，就崇尚它；言论如果不能见之于行动，就不要崇尚它。言论不能见之于行动而又崇尚它，那就是说空话。"

子墨子使管黔遨游高石子于卫①，卫君致禄甚厚，设之于卿。高石子三朝必尽言，而言无行者。去而之齐，见子墨子曰："卫君以夫子之故，致禄甚厚，设我于卿。石三朝必尽言，而言无行，是以去之也。卫君无乃以石为狂乎？"子墨子曰："去之苟道，受狂何伤！古者周公旦非关叔②，辞三公，东处于商盖③，人皆谓之狂，后世称其德，扬其名，至今不息。且翟闻之：为义非避毁就誉，去之苟道，受狂何伤！"高石子曰："石去之，焉敢不道也。昔者夫子有言曰：'天下无道，仁士不处厚焉。'今卫君无道，而贪其禄爵，则是我为苟陷人长也④。"子墨子说，而召子禽子曰⑤："姑听此乎！夫倍义而乡禄者⑥，我常闻之矣；倍禄而乡义者，于高石子焉见之也。"

**【注释】**

①管黔滶：应为"管黔敖"，与高石子均为墨子的弟子。游：游扬，举荐。

②周公旦：即周公，姓姬名旦，周文王的儿子，武王的兄弟，曾平息管叔和蔡叔的叛乱。关叔：即"管叔"。

③商盖：当为"商奄"，地名。周公辅佐成王，后还政于成王，自己住到商奄去。

④苟陷人长：当作"苟啗人粻（zhāng）"。粻，粮食。

⑤子禽子：即禽滑釐，墨子门下有名的弟子。

⑥倍：通"背"。乡：通"向"。下同。

**【译文】**

墨子让管黔敖举荐高石子到卫国去，卫国国君给高石子很优厚的俸禄，并安排他做卿。高石子三次朝见时都把意见全部说出来，他的意见却没有被采用。他离开卫国到了齐国，见到墨子说："卫国国君因为老师您的缘故，给我优厚的俸禄，把我列为卿。我三次朝见时都把意见全部说出来，却没有被采纳，所以我离开了卫国。卫国国君或许会以为我狂妄吧？"墨子说："只要离去是符合道义的，背上狂妄的名声又有什么影响呢！古时候周公旦讨伐管叔，辞去了三公的职位，住到东方的商奄去，世人都称他狂妄，但后世人却称颂他的德行，传扬他的美名，直到现在还没有消失。况且我听说：做义事不是为了躲避批评而追求赞誉，只要离去是符合道义的，背上狂妄的名声又有什么影响呢！"高石子说："我离开卫国，哪里敢不遵守道义啊！从前老师您曾说过：'天下没有道义，仁人义士就不应该处在俸禄优厚的位置上。'现在卫国国君没有道义，如果贪图他的俸禄和爵位，那我就是白吃人家的粮食。"墨子很高兴，叫来禽滑釐说："听听这些话吧！背弃仁义而追逐俸禄的人，我经常听说；放弃俸禄而追求仁义的人，今天在高石子身上看到了。"

子墨子曰："世俗之君子，贫而谓之富，则怒；无义而谓之有义，则喜。岂不悖哉①！"

**【注释】**

①悖（bèi）：荒谬。

**【译文】**

墨子说："世俗的君子，如果他很穷你却说他很富，他就会发怒；如果他不义而你称他有义，他就会很高兴。这不是很荒谬吗？”

公孟子曰①："先人有则，三而已矣②。"子墨子曰："孰先人而曰有则，三而已矣？子未智人之先有、后生③。"

【注释】

①公孟子：即公明仪，是曾子的弟子，属于儒家之士。
②三：当读为"参"。
③智：同"知"。

【译文】

公孟子说："先人已有了法则，今人只需参稽而行就可以了。"墨子说："谁说先人已有了法则，我们只需参稽而行就可以了？你还没有理解什么是先产生的，什么是派生出来的。"

有反子墨子而反者①："我岂有罪哉？吾反后。"子墨子曰："是犹三军北，失后之人求赏也。"

【注释】

①有反子墨子而反者：上一"反"字为背弃之意，下一反字同"返"。句末当补一"曰"字。

【译文】

有背弃了墨子又回到墨子门下的弟子说："我难道有罪

吗？我的背弃比别的人还要晚些。"墨子说："这就好像军队打了败仗，落伍的人还要求奖赏一样。"

公孟子曰："君子不作，术而已①。"子墨子曰："不然！人之其不君子者，古之善者不诛②，今也善者不作。其次不君子者，古之善者不遂③，己有善则作之，欲善之自己出也。今诛而不作，是无所异于不好遂而作者矣。吾以为古之善者则诛之，今之善者则作之，欲善之益多也。"

【注释】

①术：当为"述"。

②诛：当为"诛"，即"述"。下同。

③遂：当为"述"。下同。

【译文】

公孟子说："君子并不创作，只是阐述而已。"墨子说："不对！众人中极没有君子品行的人，对古代好的东西不阐述，对现在好的东西也不去创作。再次一等没有君子品行的人，对古代好的东西不阐述，自己有了好的东西就去创作，就是想让这种好的东西出于自己之手。现在只阐述而不创作，这与不喜欢阐述而去创作的人没有什么不同。我认为对古代好的东西要阐述继承，对现在好的东西要创造，不过是希望好的东西越来越多罢了。"

巫马子谓子墨子曰："我与子异，我不能兼爱。

我爱邹人于越人，爱鲁人于邹人，爱我乡人于鲁人，爱我家人于乡人，爱我亲于我家人，爱我身于吾亲：以为近我也。击我则疾，击彼则不疾于我，我何故疾者之不拂①，而不疾者之拂？故有我有杀彼以我②，无杀我以利③。"子墨子曰："子之义将匿邪，意将以告人乎？"巫马子曰："我何故匿我义？吾将以告人。"子墨子曰："然则一人说子④，一人欲杀子以利己；十人说子，十人欲杀子以利己；天下说子，天下欲杀子以利己。一人不说子，一人欲杀子，以子为施不祥言者也；十人不说子，十人欲杀子，以子为施不祥言者也；天下不说子，天下欲杀子，以子为施不祥言者也。说子亦欲杀子，不说子亦欲杀子，是所谓经者口也⑤，杀常之身者也⑥！"

子墨子曰："子之言恶利也？若无所利而不言⑦，是荡口也。"

【注释】

①拂：帮助的意思。

②有我：或当为"义"字之误分。以我：当作"以利我"。

③以利：当作"以利彼"。

④说：同"悦"，心悦诚服的意思。

⑤经：当读为"到"。

⑥之：即"至"字。

⑦不：此字当删。

**【译文】**

巫马子对墨子说："我和你不同，我不能做到兼爱。我爱邹国人胜于爱越国人，爱鲁国人胜于爱邹国人，爱我家乡的人胜于爱鲁国人，爱我的家人胜于爱家乡的人，爱我的父母胜于爱我的家人，爱我自己胜于爱我的父母：因为更切近自身的缘故。打我的话我会感到疼痛，打别人我就不会感到疼痛，我为什么不帮助能感受到疼痛的自己，而去帮助我感受不到疼痛的别人呢？因此就义理而言，有杀别人来利于我的情况，没有杀我来利于别人的情况。"墨子说："你的这种道义是要藏起来，还是要告诉别人呢？"巫马子说："我为什么要把我的道义藏起来呢？我要告诉别人。"墨子说："要是这样的话，如果有一个人信服你的说法，这一个人就想要杀你来利于他自己；十个人信服你的说法，就有十个人想要杀你来利于他们自己；天下的人都信服你的说法，天下的人就都想要杀你来利于他们自己。但如果有一个人不信服你的说法，这个人就想要杀你，因为认定你是传播不祥之言的人；十个人不信服你的说法，就有十个人想杀你，因为认定你是传播不祥之言的人；天下的人都不信服你的说法，全天下的人都想要杀你，因为认定你是传播不祥之言的人。信服你的人想要杀你，不信服你的人也想要杀你，这就是所谓的祸从口出，杀戮常至自身啊！"

墨子又说："你说的话有什么益处呢？如果没有益处还要说，就是徒费唇舌。"

子墨子谓鲁阳文君曰："今有一人于此，羊牛犓豢，维人但割而和之①，食之不可胜食也。见人之生饼，则还然窃之②，曰：'舍余食③。'不知日月安不足乎④，其有窃疾乎？"鲁阳文君曰："有窃疾也。"子墨子曰："楚四竟之田，旷芜而不可胜辟，评灵数千⑤，不可胜⑥，见宋、郑之闲邑，则还然窃之，此与彼异乎？"鲁阳文君曰："是犹彼也，实有窃疾也。"

**【注释】**

①维人：当为"饔人"，即厨子。但：即"袒"。

②还然：惑乱的样子。还，通"营"，惑乱。

③舍：当读若"舒"。

④日月：当为"甘肥"。

⑤评灵：疑为"平虚"二字。

⑥不可胜：此句下当补一"用"字。

**【译文】**

墨子对鲁阳文君说："现在这里有一个人，牛羊牲畜，厨子袒胸露背为他宰杀烹调，吃都吃不完。看见别人不熟的饼，却昏头昏脑地去偷来，并说：'我的食物可以宽裕了。'不知是他的美味食品还不够多，还是他有偷窃的毛病？"鲁阳文君回答："是有偷窃的毛病。"墨子说："楚国四面边境之内的田地，空旷荒芜的都开垦不完，无人居住的城池也有数千，用都用不完，但看见宋国和郑国的空城，就赶快去窃取，这与上述那种人有差别吗？"鲁阳文君回答说："这与那种人一样，确实是有偷窃的毛病。"

　　子墨子曰："季孙绍与孟伯常治鲁国之政，不能相信，而祝于丛社<sup>①</sup>，曰：'苟使我和。'是犹弇其目<sup>②</sup>，而祝于丛社曰：'苟使我皆视。'岂不缪哉<sup>③</sup>！"

**【注释】**

①丛社：即神祠。

②弇：覆盖，掩蔽。

③缪：错误，乖误。

**【译文】**

　　墨子说："季孙绍与孟伯常共同治理鲁国的国政，但互相不能信任对方，于是在神社里祷告，说：'请让我们和好吧！'这就好像把眼睛遮住，却到神社里祷告说：'请让我能够看见吧。'这岂不是很荒谬吗？"

　　子墨子谓骆滑氂曰<sup>①</sup>："吾闻子好勇。"骆滑氂曰："然！我闻其乡有勇士焉，吾必从而杀之。"子墨子曰："天下莫不欲与其所好，度其所恶<sup>②</sup>。今子闻其乡有勇士焉，必从而杀之，是非好勇也，是恶勇也。"

**【注释】**

①骆滑氂（máo）：人名。

②度：为"斁"，即"杜"字。

**【译文】**

墨子对骆滑氂说:"我听说你喜好勇武。"骆滑氂说:"是的!我要是听说乡里有勇士,就一定要去把他杀掉。"

墨子说:"天下没有人不想与他所喜爱的人交往,而杜绝他所厌恶的人。现在你听到乡里有勇士,就一定要去把他杀掉,这不是喜好勇武,而是厌恶勇武。"

# 贵 义

　　此篇在后四篇语录体的文字中稍显例外，这仅从篇名即可看出。其他几篇几乎皆以人名为名，故于全篇的旨意无所揭示，而此篇之名则与其前的专题论文相类，是对于一种理论的标举。虽然全篇仍是语录体的零散形式，但大都与"贵义"有关，可见此篇在整理成文时编者进行了有意识的选择汇集。

　　文中有些对话虽然简单，却颇能体现墨子的性格，如"南游使卫"一节，墨子最后对弦唐子说"而子何怪焉"，委婉含蓄地表示出对弦唐子的不屑；"仕人于卫"一节则通过一个小小的假设揭示出仕者的虚伪，这种虚伪也许是仕者本人都没有感觉到的，这更可见出墨子的犀利；最可贵的是"吾言足用矣"一段，由此可以看出墨子对自己学说的超强自信，这也正是一个清醒而深刻的思想家所应有的勃然之气概。

子墨子曰：“万事莫贵于义。今谓人曰：‘予子冠履而断子之手足，子为之乎？’必不为，何故？则冠履不若手足之贵也。又曰：‘予子天下而杀子之身，子为之乎？’必不为，何故？则天下不若身之贵也。争一言以相杀①，是贵义于其身也。故曰，万事莫贵于义也。”

【注释】
①一言：即指义。相：选择。杀：指死亡。

【译文】
墨子说：“世间万事没有比义更贵重的了。如果现在对别人说：‘赠给你帽子和鞋子，但要砍断你的手和脚，你肯吗？’那人一定不肯，为什么呢？就是因为帽子和鞋子没有手和脚贵重。如果又说：‘把天下送给你，但要把你杀死，你肯吗？’那人一定不肯，为什么呢？就是因为天下也没有自己的生命更贵重。为了争辩义而选择死亡，这是因为义比生命更贵重。所以说，世间万事没有比义更贵重的了。”

子墨子自鲁之齐，即过故人。谓子墨子曰①：“今天下莫为义，子独自苦而为义，子不若已。”子墨子曰：“今有人于此，有子十人，一人耕而九人处，则耕者不可以不益急矣。何故？则食者众而耕者寡也。今天下莫为义，则子如劝我者也②，何故止我？”

【注释】

①谓子墨子曰：此句首当有"故人"二字。

②如：当、宜的意思。

【译文】

墨子从鲁国到齐国去，于是拜访了老朋友。朋友对墨子说："现在天下没有人行义，只有你独自苦苦地行义，你不如停止了吧。"墨子说："现在这里有一个人，他有十个儿子，只有一个人耕种而其他九个都闲呆着，那么耕种的那个就不能不更加努力去做。为什么呢？就是因为吃饭的人多而种地的人少。现在天下没有人行义，那么你应该鼓励我，为什么反而阻止我呢？"

子墨子南游于楚，献书惠王，惠王以老辞，使穆贺见子墨子。子墨子说穆贺①，穆贺大说，谓子墨子曰："子之言则成善矣②，而君王，天下之大王也，毋乃曰'贱人之所为'而不用乎？"子墨子曰："唯其可行。譬若药然，草之本③，天子食之，以顺其疾，岂曰'一草之本'而不食哉？今农夫入其税于大人，大人为酒醴粢盛以祭上帝鬼神，岂曰'贱人之所为'而不享哉？故虽贱人也，上比之农，下比之药，曾不若一草之本乎？且主君亦尝闻汤之说乎④？昔者汤将往见伊尹⑤，令彭氏之子御。彭氏之子半道而问曰：'君将何之？'汤曰：'将往见伊尹。'彭氏之子曰：'伊尹，天下之贱人也。君若欲见之，亦令召问焉，彼受赐矣。'汤曰：'非女所知也。今有药于此，食之，则耳加聪，目加明，则吾必说而强食之。今夫伊尹之于我国也，譬之良医善药也。而子不欲我见伊尹，是子不欲吾善也。'因下彭氏之子，不使御。吾言足用矣[6]，舍言革思者[7]，是犹舍获而攈粟也[8]。以其言非吾言者，是犹以卵投石也，尽天下之卵，其石犹是也，不可毁也。君得之，则必用之矣。"

**【注释】**

①说（shuì）：游说。下文"说"同"悦"。

②成：通"诚"。

③草之本：句首当补"一"字。

④主君：指称穆贺。春秋时本来用于诸侯与卿大夫，但后来也可以通行上下。

⑤伊尹：商朝著名的政治家，曾经做过奴隶。

⑥吾言足用矣：此处原作"彼苟然，然后可也"七字，依王焕镳说将其移置下文"何故皆不遂也"句下。此处移入以下五十四字：前四十六字本为此篇之末节，其"子墨子曰"四字移置下文"必去六辟"之前；后八字则移自于《公孟》首节。

⑦舍言：当作"舍吾言"。革：变更的意思。

⑧攈（jùn）：即"捃"，拾的意思。

**【译文】**

　　墨子向南游历到了楚国，献书给楚惠王，楚惠王因为自己年老而推辞不见，派穆贺去见墨子。墨子向穆贺游说，穆贺非常高兴，对墨子说："您的话的确很好，但是我们的君王，是天下的大国之王，或许会说'这是贱人所说的话'便不采纳吧？"墨子说："只要它是可行的就行。就好像药，一把草根，天子吃了它，也可以治疗他的病，难道会说'这是一把草根'而不吃吗？现在农夫交租税给王公大人们，王公大人们把这做成祭品来祭祀上帝鬼神，难道会说'这是贱人交的租税'就不享用吗？所以虽然是贱人说的话，向上比农夫，向下比药，难道还不如一把草根吗？再说您大概也听过商汤的故事吧，从前商汤准备前去见伊尹，命令彭氏的儿子驾车。彭氏的儿子在半路上问他说：'您要到哪里去呢？'商汤说：'准备去见伊尹。'彭氏的儿子说：'伊尹，这是天下很低贱的人。您如果想见他，就派人把他召来问话，他也算是受到赏赐了。'商汤说：'这不是你所能明白的。现在有药在这里，吃了它，耳朵就更加灵敏，眼睛就更加明亮，那我一定会很高兴地努力吃它。现在伊尹对于我们的国家，就好像良医和好药一样。可你却不想让我见伊尹，这就是你不希望我好啊。'因而命令彭氏的儿子下去，不让他驾车。我的学说是值得采用的，如果舍弃我的学说更改我的思想，就好像放弃收割而去拾谷穗一样。如果用别人的学说来攻击我的学说，这就像用鸡蛋来砸石头一样，用尽天下的鸡蛋，石头还是原来的样子，是无法破坏的。国君得到了我的学说，就必然会采用。"

子墨子曰："凡言凡动，利于天鬼百姓者为之；凡言凡动，害于天鬼百姓者舍之；凡言凡动，合于三代圣王尧、舜、禹、汤、文、武者为之；凡言凡动，合于三代暴王桀、纣、幽、厉者舍之。"

**【译文】**

墨子说："凡是言论和行动，有利于上天鬼神与百姓的就做；凡是言论和行动，有害于上天鬼神与百姓的就舍弃；凡是言论和行动，符合夏商周三代的圣王尧、舜、禹、商汤王、周文王、周武王之道的就做；凡是言论和行动，符合夏商周三代的暴君夏桀、商纣、周幽王、周厉王之道的就舍弃。"

子墨子曰："言足以迁行者①，常之②；不足以迁行者，勿常。不足以迁行而常之，是荡口也。"

**【注释】**

①迁：登，有使行为向上的意思。
②常：通"尚"，崇尚。

**【译文】**

墨子说："言论如果能够改善行动，就崇尚它；言论如果不能改善行动，就不要崇尚它。言论不能改善行动而又崇尚它，那就是说空话。"

子墨子曰："嘿则思①，言则诲，动则事②，使三者代御，必为圣人。"

**【注释】**

①嘿（mò）：用同"默"。

②事：疑当为"义"字。

**【译文】**

墨子说："沉默的时候就要思考，讲话的时候就要教诲，行动的时候要讲究义，能对这三者交替使用，必定会成为圣人。"

子墨子曰："必去六辟①。必去喜、去怒、去乐、去悲、去爱②，而用仁义。手足口鼻耳③，从事于义，必为圣人。"

**【注释】**

①六辟：指人的喜、怒、乐、悲、爱、恶六情。

②去爱：此下当补"去恶"二字。

③手足口鼻耳：此下当补一"目"字。

**【译文】**

墨子说："必须要去掉六情。必须去掉喜、去掉怒、去掉乐、去掉悲、去掉爱、去掉恶，而要遵从仁义。手、脚、口、鼻、耳、眼，如果都用来从事于义，必定会成为圣人。"

子墨子谓二三子曰："为义而不能，必无排其道①。譬若匠人之斲而不能②，无排其绳。"

①排：当为"罪"字。下同。

②斮（zhuó）：砍。

【译文】

墨子对他的几个弟子说："行义事若不能进行，不要责怪道义。就好像木匠砍木头砍得不正时，决不会怪罪他的准绳。"

子墨子曰："世之君子，使之为一彘之宰，不能则辞之；使为一国之相，不能而为之，岂不悖哉！"

【译文】

墨子说："世上的君子，让他去做杀一头猪的屠夫，如果做不了便会推辞；让他做一国的国相，虽然做不了却还要去做，这不是很荒谬吗！"

子墨子曰："今瞽曰'钜者白也<sup>①</sup>，黔者黑也<sup>②</sup>'，虽明目者无以易之。兼白黑，使瞽取焉，不能知也。故我曰瞽不知白黑者，非以其名也，以其取也。今天下之君子之名仁也，虽禹、汤无以易之。兼仁与不仁，而使天下之君子取焉，不能知也。故我曰天下之君子不知仁者，非以其名也，亦以其取也。"

【注释】

①钜：当作"银"。

②黔：黑色。此指炱煤，火烟凝积而成的黑灰。

【译文】

墨子说："现在有个盲人说'银子是白色的，烟灰是黑色的'，即使是眼睛明亮的人也无法更改这个判断。如果把白的和黑的混在一起，让盲人分辨，他就不能知道了。因此我说盲人不知道白色和黑色，不是指这种颜色的名称，是指这种判别。现在天下的君子为仁下定义，即使是夏禹和商汤都无法改变它。如果把仁和不仁的事物混在一起，让天下的君子去分辨，他们就不能判别了。所以我说天下的君子不知道什么是仁，不是指仁的名称，也是指这种判别。"

子墨子曰："今士之用身，不若商人之用一布之慎也①。商人用一布布②，不敢继苟而雠焉③，必择良者。今士之用身则不然，意之所欲则为之，厚者入刑罚，薄者被毁丑。则士之用身不若商人之用一布之慎也。"

【注释】

①布：古代一种货币名称。

②布布：衍一"布"字，当删。

③继苟：疑当为"轻苟"，即轻率苟且的意思。雠：出售。

【译文】

墨子说："现今的士人用身于世，还不如商人使用一枚钱币时谨慎。商人使用一枚钱币，不敢轻率随意地就做交易，必定要挑选最好的。现在士人用身于世却不这样，自己想做什么就做什么，重的受到刑法惩罚，轻的被人诟骂。

这就是士人用身于世还不如商人用一枚钱币谨慎啊。"

子墨子曰:"世之君子欲其义之成,而助之修其身则愠①。是犹欲其墙之成,而人助之筑则愠也,岂不悖哉!"

**【注释】**

①愠(yùn):恼怒。

**【译文】**

墨子说:"世上的君子都希望自己行义能够成功,但如果有人帮助他修身他就很恼怒。这就好像他希望自己把墙筑好,别人来帮助他筑墙他就恼怒一样,这岂不是很荒谬吗!"

子墨子曰:"古之圣王,欲传其道于后世,是故书之竹帛,镂之金石①,传遗后世子孙,欲后世子孙法之也。今闻先王之遗而不为②,是废先王之传也。"

**【注释】**

①镂:雕刻。

②遗:当为"道"字。

**【译文】**

墨子说:"古代的圣王,想把他们的道义传于后世,所以把它写在竹帛上,雕刻在金属和石头上,流传给后世子孙,想让后世子孙来效法。现在的人听说了先王的道义却不去实行，这是废弃了先王留传下来的道义啊！"

子墨子南游使卫<sup>①</sup>，关中载书甚多<sup>②</sup>，弦唐子见而怪之，曰："吾夫子教公尚过曰<sup>③</sup>：'揣曲直而已。'今夫子载书甚多，何有也？"子墨子曰："昔者周公旦朝读书百篇，夕见漆十士<sup>④</sup>。故周公旦佐相天子，其修至于<sup>⑤</sup>。今翟上无君上之事，下无耕农之难，吾安敢废此？翟闻之：同归之物<sup>⑥</sup>，信有误者，然而民听不钧<sup>⑦</sup>，是以书多也。今若过之心者，数逆于精微，同归之物，既已知其要矣，是以不教以书也。而子何怪焉？"

【注释】

①使：疑当为"于"字。

②关：古代车用木做成栏，可以放东西，称为"关"。

③公尚过：墨子的弟子。

④漆：同"柒"，即"七"字。

⑤其修至于：句末当补一"此"字。

⑥归：疑当作"传"。下同。

⑦钧：通"均"。

【译文】

墨子向南方游历到了卫国，车箱里装了很多书，弦唐子看到后很奇怪，说："老师您教公尚过说：'书籍不过是衡量是非曲直的罢了。'现在您车上却装了这么多书，有什么用呢？"墨子说："从前周公旦早上读书百篇，晚上会见七十个士人。周公旦辅佐天子，他还能勤于修身到这样的境地。现在我上没有事奉国君的差事，下没有耕田种地的艰难，我怎么敢废弃读书呢？我听说：共同传述的事物，其中肯定会有错误的地方，这样的话民众听到的也就往往不一样，因此书就多了起来。现在像公尚过这样的人，他的心已经能够考究物理之精微了，共同传述的事物，既然已经知道它的要旨，所以就不用再拿书来教他了。而你为什么要感到奇怪呢？"

子墨子谓公良桓子曰①："卫，小国也，处于齐、晋之间，犹贫家之处于富家之间也。贫家而学富家之衣食多用，则速亡必矣。今简子之家②，饰车数百乘，马食菽粟者数百匹，妇人衣文绣者数百人。吾取饰车食马之费与绣衣之财以畜士③，必千人有余。若有患难，则使百人处于前，数百于后，与妇人数百人处前后，孰安？吾以为不若畜士之安也。"

**【注释】**

①公良桓子：卫国大夫。

②简：阅的意思。

③吾：当为"若"。

**【译文】**

墨子对公良桓子说："卫国是个小国，地处齐国和晋国之间，就像贫穷人家处于富贵人家之间一样。贫家如果要仿效富家的穿衣吃饭及庞大的花费，那一定会很快招致灭亡。现在看一下你家，带装饰的车子有几百辆，吃粮食的马有几百匹，穿着华丽衣服的妇女有几百人。如果拿这些装饰车子、饲养马匹的费用以及做华丽衣服的钱财来养士，一定会有千人以上。如果有危难，就派一百人在前边，几百人在后边，这与让几百个妇人分列前后相比，哪个安全呢？我认为不如养士安全啊！”

子墨子仕人于卫，所仕者至而反。子墨子曰：“何故反？”对曰：“与我言而不当①。曰‘待女以千盆’②，授我五百盆，故去之也。”子墨子曰：“授子过千盆，则子去之乎？”对曰：“不去。”子墨子曰：“然则非为其不审也③，为其寡也。”

【注释】

①当：读为“赏”，即“偿”字，实践诺言之意。

②女：同“汝”。盆：古时量粮食的器皿。

③审：应为“当”字，同前注。

【译文】

墨子派人到卫国去当官，当官的人一到卫国就回来了。墨子问：“为什么又回来了？”那人回答说：“卫国国君对我说话不算数。他说‘给你一千盆粮食来作为报酬’，实际却只给了我五百盆，所以我就离开了。”墨子说：“给你的粮食如果超过一千盆，那你还离开吗？”那人回答说：“不离开了。”墨子说：“这样看来，你不是因为卫国国君说话不算数，而是因为给你的粮食少了。”

子墨子曰："世俗之君子，视义士不若负粟者①。今有人于此，负粟息于路侧，欲起而不能，君子见之，无长少贵贱，必起之。何故也？曰：义也。今为义之君子，奉承先王之道以语之，纵不说而行，又从而非毁之。则是世俗之君子之视义士也，不若视负粟者也。"

【译文】
墨子说："世俗的君子看待义士还不如看待一个背粮食的人。现在如果这里有一个人，背着粮食在路边休息，想起来却起不来了，君子看见了，无论老少贵贱，都必定会帮他起来。这是什么缘故呢？回答说：这是义。现在那些行义的君子，奉行传承先王的道义并告诉世俗的君子，世俗的君子纵然不高兴去实行也就罢了，却又去非议诋毁义士。这就是世俗的君子看待义士还不如看待一个背粮食的人。"

子墨子曰："商人之四方，市贾倍徙①，虽有关梁之难，盗贼之危，必为之。今士坐而言义，无关梁之难，盗贼之危，此为倍徙，不可胜计，然而不为。则士之计利不若商人之察也。"

**【译文】**

墨子说："商人奔走四方，做买卖可获利数倍，所以虽然有通过关卡的麻烦，有遇到盗贼的危险，但还是一定要做。现在士坐着讲义，没有通过关卡的麻烦，没有遇到盗贼的危险，这样做获得利益的倍数，多得无法计算，却不去做。由此可见，士人计算利益不如商人精明啊。"

子墨子北之齐，遇日者①。日者曰："帝以今日杀黑龙于北方，而先生之色黑，不可以北。"子墨子不听，遂北，至淄水②，不遂而反焉。日者曰："我谓先生不可以北。"子墨子曰："南之人不得北，北之人不得南，其色有黑者，有白者，何故皆不遂也？彼苟然，然后可也。且帝以甲乙杀青龙于东方，以丙丁杀赤龙于南方，以庚辛杀白龙于西方，以壬癸杀黑龙于北方，若用子之言，则是禁天下之行者也，是围心而虚天下也③。子之言不可用也。"

**【注释】**

①日者：古时以卜筮为业的人，即算卦先生。

②淄水：河名，在今山东省。

③围：当作"违"。

**【译文】**

墨子往北到齐国去，遇到一个算卦先生。算卦先生说："天帝今天要在北方杀死黑龙，而您的脸色是黑的，不可以去北方。"墨子不听他的，继续往北走，到了淄水，无法渡河便回来了。算卦先生说："我对您说过不能往北方去的。"墨子说："淄水南岸的人不能北渡，淄水北岸的人也不能南渡，而他们的脸色有黑有白，为什么都不能遂其心愿呢？他们如果能遂其心愿，然后才能证明你的说法。况且天帝甲乙日在东方杀青龙，丙丁日在南方杀赤龙，庚辛日在西方杀白龙，壬癸日在北方杀黑龙，假如按照你的说法，就是禁止天下所有的人通行了，这是令人心中有所忌讳从而使天下没有行人的办法。所以你的话不可取。"

# 公　孟

　　本篇共有二十节，但前十节均为与儒家人物公孟子的辩论，所以，篇名虽然来自于篇首二字，但亦可看作对全篇内容的概括。

　　文中所批驳儒家的观点，在前文中已多次涉及。当然，那些篇目均为墨家自己的立论，而这篇文章则记录了儒、墨两家激烈的争论，许多地方要比前文精彩鲜活。如第一节，《非儒》篇已言之，而在这里，墨子最后两个反问极见智慧，亦具论辩之技巧；又如公孟子认为孔子可以为天子，墨子就其对孔子所称誉之处以"是数人之齿，而以为富"形之，非但觉公孟子之言谬，且有妙趣横生之感。最精彩的是"公孟子义章甫搢忽儒服，而以见子墨子"一节，公孟子问于墨子，实有相难之意，然而没想到出乎意料的回答与雄辩的论证竟说服了他。心悦诚服的公孟子便立刻要改过从善，要去掉那些礼服再来相见，这是极为有神的一笔，可知他虽已被说服，可儒家对于服饰的拘执却仍在起作用。而墨子不仅善辩，更重要的是他善行，所以他才会有最后睿智通达的回答。

公孟子谓子墨子曰①："君子共己以待②，问焉则言，不问焉则止。譬若钟然，扣则鸣，不扣则不鸣。"子墨子曰："是言有三物焉，子乃今知其一身也③，又未知其所谓也。若大人行淫暴于国家，进而谏，则谓之不逊；因左右而献谏，则谓之言议。此君子之所疑惑也。若大人为政，将因于国家之难，譬若机之将发也然，君子之必以谏，然而大人之利④。若此者，虽不扣必鸣者也。若大人举不义之异行，虽得大巧之经，可行于军旅之事，欲攻伐无罪之国有之也⑤，以广辟土地，著税伪材⑥，出必见辱，所攻者不利，而攻者亦不利，是两不利也。若此者，虽不扣必鸣者也。且子曰：'君子共己待，问焉则言，不问焉则止，譬若钟然，扣则鸣，不扣则不鸣。'今未有扣，子而言，是子之谓不扣而鸣邪？是子之所谓非君子邪？"

**【注释】**

①公孟子：公明子仪，曾子的弟子，也是儒家大师之一。

②共：通"恭"。

③身：当为"耳"。

④然而："是乃"之意。

⑤欲攻伐无罪之国有之也：此下本有"君得之，则必用之矣"八字，依文义移置上篇"南游于楚"节之末。

⑥著：当作"藉"。伪：通"贿"，即"货币"。

【译文】

公孟子对墨子说："君子要让自己恭敬地等待，问到就说，不问就不说。就像钟一样，敲击就响，不敲击就不响。"墨子说："这句话有三层意思，你现在只知其一罢了，而且还不知道它到底说的是什么意思。如果王公大人在国内行淫逸暴戾的事，若去进谏，就会被认为不恭顺；通过左右的人去进谏，就会被认为私下议论。这是连君子都感到疑惑的地方。如果王公大人执政，国家将有大难发生，就好像箭将要射出一样危急，君子在这时是必定要进谏的。这是王公大人最大的利啊。像这样的情况，即使不来敲击也一定要发出响声。如果王公大人做不合于义的坏事，即使有极高的技巧，能施行于军队的攻战，想去攻打无罪的国家并占领它，用来扩大领土，聚敛财物，出战必定要受辱，对被攻的国家不利，对进攻的国家也不利，这是对双方都不利的事情。像这样的情况，即使不来敲击也一定要发出响声。况且你说：'君子要让自己恭敬地等待，问到就说，不问就不说。像钟一样，敲击就响，不敲击就不响。'那么，现在没有人来问你，你却说话了，这是你所说的不扣而鸣呢，还是你所认为的不是君子呢？"

公孟子谓子墨子曰："实为善人，孰不知？譬若良玉，处而不出有余精。譬若美女，处而不出，人争求之；行而自衒①，人莫之取也。今子遍从人而说之，何其劳也！"子墨子曰："今夫世乱，求美女者众，美女虽不出，人多求之；今求善者寡，不强说人，人莫之知也。且有二生于此，善星一<sup>②</sup>。行为人筮者与处而不出者，其糈孰多<sup>③</sup>？"公孟子曰："行为人筮者其糈多。"子墨子曰："仁义钧<sup>④</sup>。行说人者，其功善亦多。何故不行说人也！"

**【译文】**

公孟子对墨子说："如果的确是个完美的人，谁会不知道呢？就好像一块美玉，即便把它深藏不露，也会有光芒透出。就好像有位美女，住在家里不出去，人们也争着向她求婚；如果她走在外边炫耀自己，人们就不会娶她了。现在你到处跟别人去游说人家，这是多么徒劳啊！"墨子说："现在社会动乱，求娶美女的人很多，美女即使不出来，也会有很多人求娶她；而现在求善的人少，如果不努力去游说人们，人们就不会知道。假定这里有两个人，都一样善于算卦。出外周游为人算卦的人与坐在家里不出去的人，他们谁得到的粮食多？"公孟子说："出外周游为人算卦的人得到的粮食多。"墨子说："同样是主张仁义，出外向人游说仁义的人，他的功德善行也就多。我为什么不出外游说别人呢？"

　　公孟子义章甫搢忽儒服①，而以见子墨子曰：
"君子服然后行乎？其行然后服乎？"子墨子曰："行
不在服。"公孟子曰："何以知其然也？"子墨子曰：
"昔者齐桓公高冠博带，金剑木盾②，以治其国，其
国治。昔者晋文公大布之衣，牂羊之裘③，韦以带
剑，以治其国，其国治。昔者楚庄王鲜冠组缨，绛
衣博袍④，以治其国，其国治。昔者越王勾践剪发
文身，以治其国，其国治。此四君者，其服不同，
其行犹一也。翟以是知行之不在服也。"公孟子曰：
"善！吾闻之曰'宿善者不祥'⑤。请舍忽，易章甫，
复见夫子可乎？"子墨子曰："请因以相见也。若必
将舍忽、易章甫，而后相见，然则行果在服也！"

【注释】

①义：即"仪"。章甫：儒者所戴的礼帽。搢（jìn）：
　插。忽：即"笏"字，古代官吏上朝时所持记事的
　木板。下同。

②木盾：或当为"木殳（shū）"，即木杖。

③牂（zāng）：母羊。

④绛（féng）衣：即"缝衣"，宽大的衣服。

⑤宿：停留的意思。

【译文】

　　公孟子戴着礼帽、腰上插着笏板、穿着儒服，来见墨
子说："君子是先讲究服饰然后再有所作为呢，还是先有
所作为再讲究服饰？"墨子说："有所作为不在于服饰。"

公孟子说："怎么知道是这样的呢？"墨子说："从前齐桓公戴着高高的帽子，系着宽大的带子，腰悬金剑，手持木杖，就这样治理国家，他的国家治理得很好。从前晋文公穿着粗布缝制的衣服，披着母羊皮做成的皮袄，用不加文饰的牛皮来佩剑，就这样治理国家，他的国家治理得很好。从前楚庄王戴着漂亮的冠冕，缀着华丽的冠缨，穿着宽大的衣服，就这样治理国家，他的国家治理得很好。从前越王勾践剪掉头发，在身上刺上花纹，就这样治理国家，他的国家治理得很好。这四位君王，他们的服饰不一样，他们的行为却是一样的。我由此知道有所作为不在于服饰啊。"公孟子说："说得好！我听说'知道了善行而不马上施行的人是不吉利的'。请允许我拿掉笏板，换去礼帽，再来见先生，可以吗？"墨子说："请你就带着这些东西来见我吧。如果一定要拿掉笏板、换去礼帽，然后再来相见，这样就是有所作为果然在于服饰了啊！"

公孟子曰："君子必古言服，然后仁。"子墨子曰："昔者商王纣卿士费仲，为天下之暴人，箕子、微子为天下之圣人，此同言而或仁或不仁也。周公旦为天下之圣人，关叔为天下之暴人，此同服或仁或不仁。然则不在古服与古言矣。且子法周而未法夏也，子之古非古也。"

**【译文】**

公孟子说："君子一定要依古制说话穿衣，这样以后才叫仁。"墨子说："从前商纣王的卿士费仲，是天下的暴徒，箕子和微子则是天下的圣人，他们说同样的话却有的仁有的不仁。周公旦为天下的圣人，管叔是天下的暴徒，他们穿着同样的衣服却有的仁有的不仁。由此可见关键并不在于古代的服饰与古代的语言。况且你只是效法周朝而没有效法夏朝，你所谓的古代还不是真的古代。"

公孟子谓子墨子曰："昔者圣王之列也，上圣立为天子①，其次立为卿大夫。今孔子博于诗、书，察于礼乐，详于万物，若使孔子当圣王，则岂不以孔子为天子哉？"子墨子曰："夫知者，必尊天事鬼、爱人节用，合焉为知矣。今子曰孔子博于诗、书，察于礼乐，详于万物，而曰可以为天子，是数人之齿②，而以为富。"

【注释】

①上圣立为天子：此句下当补"其次立为三公"一句。

②齿：古代刻竹木记数，刻的地方像齿一样，所以叫齿。这里指契齿。

【译文】

公孟子对墨子说："从前圣王们的位次，上圣立为天子，其次立为三公，再其次立为卿大夫。现在孔子博览诗书，明察礼乐制度，详知万物之理，如果使孔子位于圣王之间，那岂不是可以立孔子为天子了吗？"墨子说："智者必定是尊敬上天、敬事鬼神、爱护民众、节约用度，符合这些的才能称为智者。现在你说孔子博览诗书，明察礼乐制度，详知万物之理，并且说可以立为天子，这是数着别人契上的齿数，而以为自己很富有。"

公孟子曰："贫富寿夭，齰然在天①，不可损益。"又曰："君子必学。"子墨子曰："教人学而执有命，是犹命人葆而去亓冠也②。"

**【译文】**
公孟子说："贫穷、富有、长寿、短命，都确实是由天注定的，不能增加或减少。"又说："君子一定要学习。"墨子说："教人学习却坚持有天命的观点，这就好像叫人包起头发来却又去掉了他的帽子。"

公孟子谓子墨子曰："有义不义，无祥不祥。"子墨子曰："古者圣王皆以鬼神为神明，而为祸福，执有祥不祥，是以政治而国安也。自桀、纣以下，皆以鬼神为不神明，不能为祸福，执无祥不祥，是以政乱而国危也。故先王之书，《子亦》有之曰①：'亓傲也出，于子不祥。'此言为不善之有罚，为善之有赏。"

【注释】

①子亦：当为"亓子"之误。亓子，即"箕子"，《周书》原有此篇，今佚。

【译文】

公孟子对墨子说："只存在义与不义的事，不存在因义得福、因不义得祸的事。"墨子说："古代的圣王都把鬼神当作神明，认为他们能够降祸赐福，他们坚持因义得福、因不义得祸的看法，所以政事得到治理而国家得到安定。从夏桀、商纣以后，都不把鬼神当作神明，认为他们不能够降祸赐福，坚持认为不存在因义得福、因不义得祸的事，所以政事混乱而国家处于危险之中。所以在先王的书中，《箕子》一篇有这样的说法：'假如一个人身上表现出傲慢，对于他就不吉利。'这就是说做不善的事要受到惩罚，做善事会得到奖赏。"

子墨子谓公孟子曰："丧礼，君与父母、妻、后子死，三年丧服；伯父、叔父、兄弟期；族人五月；姑、姊、舅、甥皆有数月之丧。或以不丧之间，诵诗三百，弦诗三百，歌诗三百，舞诗三百。若用子之言，则君子何日以听治？庶人何日以从事？"公孟子曰："国乱则治之，国治则为礼乐；国治则从事①，国富则为礼乐。"子墨子曰："国之治②，治之废，则国之治亦废。国之富也，从事，故富也，从事废，则国之富亦废。故虽治国，劝之无餍③，然后可也。今子曰'国治，则为礼乐，乱则治之'，是譬犹噎而穿井也④，死而求医也。古者三代暴王桀、纣、幽、厉，茶为声乐⑤，不顾其民，是以身为刑僇，国为虚戾者⑥，皆从此道也。"

**【注释】**

①治：当为"贫"。

②国之治：此句下当补"也，治之，故治也"六字。

③餍（yàn）：满足。

④噎：阻塞。

⑤茶（ěr）：华盛的意思。

⑥虚戾：即"虚厉"，居室无人叫"虚"，死后没后代叫"厉"。

**【译文】**

墨子对公孟子说："儒家的丧礼，君主、父母、妻子、长子死后，要服丧三年；伯父、叔父、兄弟死后，要服丧一年；族人服丧五个月；姑姑、姐姐、舅父、外甥等也都有几个月。在不守丧的间隙，又要诵读诗歌三百篇，用弦乐演奏诗歌三百篇，吟唱诗歌三百篇，以舞来配唱诗歌三百篇。如果施行你们的说法，那君子什么时候治理政事？民众什么时候从事生产？"公孟子说："如果国家混乱就治理它，国家安定就制作礼乐；国家贫穷就努力生产，国家富裕了就制作礼乐。"墨子说："国家安定，是因为治理了，所以才会安定，如果废弃了治理，那么国家的安定也就不存在了。国家富裕，是因为努力生产了，所以才会富裕，如果废弃了努力生产，那么国家的富裕也就不存在了。因此即使是安定的国家，也要不断地努力，这样才可以。现在你说'国家安定了，就制作礼乐，混乱了就治理它'，这就好像口渴了才挖井，人死了才找医生一样。古时候夏商周三代的暴君夏桀、商纣、周幽王、周厉王，都盛制音乐，不顾他的民众，所以自身遭到杀戮，国力空虚，民众没有子嗣，这都是因为听从了这种主张。"

公孟子曰："无鬼神。"又曰："君子必学祭礼。"子墨子曰："执无鬼而学祭礼，是犹无客而学客礼也，是犹无鱼而为鱼罟也。"

【译文】

公孟子说："不存在鬼神。"又说："君子必须要学习祭祀的礼仪。"墨子说："坚持鬼神不存在的观点却又去学习祭祀的礼仪，这就好像知道没有客人却要学习待客的礼仪一样，就像明知没有鱼却要去织渔网一样。"

公孟子谓子墨子曰："子以三年之丧为非，子之三日之丧亦非也。"子墨子曰："子以三年之丧非三日之丧，是犹倮谓撅者不恭也①。"公孟子曰："知有贤于人，则可谓知乎？"子墨子曰："愚之知有以贤于人，而愚岂可谓知矣哉？"公孟子曰："三年之丧，学吾之慕父母②。"子墨子曰："夫婴儿子之知，独慕父母而已。父母不可得也，然号而不止。此亓故何也？即愚之至也。然则儒者之知，岂有以贤于婴儿子哉？"

**【注释】**

①倮：即"裸"。撅：掀起。

②吾之：当为"吾子"，即"牙子"，指小孩子。

**【译文】**

公孟子对墨子说："您认为守三年的丧不对，那么您所主张的守三日的丧也是不对的。"墨子说："你用三年的丧期来否定三天的丧期，这就好像自己赤裸着身体却指责别人掀起衣服是不礼貌一样。"公孟子说："某人的所知，有胜过别人的地方，那么，可以说他是智慧聪明的人吗？"墨子说："愚笨的人所知道的东西也有胜过别人的地方，难道能说愚者是智慧聪明的人吗？"公孟子说："三年的丧期，是仿效小孩子依恋父母。"墨子说："婴儿的智力，只知道依恋自己的父母而已。父母找不到了，就大哭不止。这是什么缘故呢？这是愚笨到了极点。那么儒者的智慧，难道有胜过小孩子的地方吗？"

　　子墨子问于儒者："何故为乐？"曰："乐以为乐也。"子墨子曰："子未我应也。今我问曰'何故为室'，曰'冬避寒焉，夏避暑焉，室以为男女之别也'，则子告我为室之故矣。今我问曰'何故为乐'，曰'乐以为乐也'，是犹曰'何故为室'，曰'室以为室也'。"

**【译文】**

墨子问一个儒家之士："为什么要从事音乐？"那人回答说："把音乐当作娱乐。"墨子说："你没有回答我的问题。现在我问'为什么盖房子'，回答说'冬天可以避寒，夏天可以避暑，居室也可以把男女分隔开来'，这算是告诉了我盖房子的原因。现在我问的是'为什么要从事音乐'，回答说'把音乐当作娱乐'，这就好像问'为什么盖房子'，回答说'把房子当作房子'。"

子墨子谓程子曰："儒之道足以丧天下者，四政焉。儒以天为不明，以鬼为不神。天鬼不说，此足以丧天下。又厚葬久丧，重为棺椁，多为衣衾，送死若徙，三年哭泣，扶后起，杖后行，耳无闻，目无见，此足以丧天下。又弦歌鼓舞，习为声乐，此足以丧天下。又以命为有，贫富寿夭，治乱安危有极矣，不可损益也。为上者行之，必不听治矣；为下者行之，必不从事矣，此足以丧天下。"程子曰："甚矣！先生之毁儒也。"子墨子曰："儒固无此若四政者，而我言之，则是毁也；今儒固有此四政者，而我言之，则非毁也，告闻也。"程子无辞而出。子墨子曰："迷之！"反，后坐，进复曰①："乡者先生之言有可闻者焉②。若先生之言，则是不誉禹，不毁桀、纣也。"子墨子曰："不然，夫应孰辞③，称议而为之，敏也。厚攻则厚吾④，薄攻则薄吾。应孰辞而称议⑤，是犹荷辕而击蛾也。"

①复：即回复之意。

②闻：当为"间"。

③孰：同"熟"。

④吾：当为"圉"，防御的意思。下同。

⑤称议：当为"不称议"。

【译文】

墨子对程子说："儒家的道义足以使天下灭亡的，有四种教义。儒家认为上天不明察，认为鬼神不灵验。上天和鬼神都不高兴，这就足以使天下灭亡。又讲究隆重的丧礼和长时间的居丧，做几层套棺，做很多衣服被褥，送葬好像搬家一样，三年居丧时要时常哭泣，别人搀扶着才能起来，拄着拐杖才能走路，耳朵听不到声音，眼睛看不到东西，这也足以使天下灭亡。又奏乐唱歌打鼓跳舞，常习声乐之事，这也足以使天下灭亡。又认为存在天命，贫穷、富有、长寿、短命、治理、混乱、平安、危险都是有定数的，不能减少或增加。在上的君主奉行它，必定不能听狱治事了；在下的民众奉行它，必定不努力生产了，这也足以使天下灭亡。"程子说："先生诋毁儒家太过分了！"墨子说："如果儒家本来没有这四种教义，而我却这么说，那就是诋毁；现在儒家本来是有这四种教义的，我再这样说，就不是诋毁了，而是告诉你我所知道的事情罢了。"程子无话可说就告辞出去了。墨子说："走错了。"程子便回来，然后坐下来，进而回复说："先前先生的话也有可指责的地方。假如像先生所说，那就不用赞美夏禹，也不用指责夏桀、商纣了。"墨子说："不是这样，回应一般的言论，要用与此言论相称的办法来说，这就是灵敏。攻击我很厉害那我也回敬得厉害，攻击我很轻微那我也回敬得轻微。回应一般的言论若不用与其相称的办法，就会像扛着车辕去打飞蛾。"

子墨子与程子辩，称于孔子。程子曰："非儒，何故称于孔子也？"子墨子曰："是亦当而不可易者也。今鸟闻热旱之忧则高，鱼闻热旱之忧则下，当此虽禹、汤为之谋，必不能易矣。鸟鱼可谓愚矣，禹、汤犹云因焉。今翟曾无称于孔子乎？"

**【译文】**

墨子与程子辩论，称引了孔子的话。程子说："非难儒家，为什么又要称引孔子的话呢？"墨子说："我所称引的是那些得当而不可更改的话。现在鸟儿闻知有炎热干旱的麻烦就会高飞，鱼儿闻知有炎热干旱的麻烦就会沉入水下，对此，即便夏禹、商汤来为它们谋划，也必定无法更改。鸟儿鱼儿可以称得上是愚昧的了，夏禹、商汤犹且要因循它们的办法。现在我就不能称引孔子的话了吗？"

有游于子墨子之门者，谓子墨子曰："先生以鬼神为明知，能为祸福：为善者富之①，为暴者祸之。今吾事先生久矣，而福不至，意者先生之言有不善乎？鬼神不明乎？我何故不得福也？"子墨子曰："虽子不得福，吾言何遽不善？而鬼神何遽不明？子亦闻乎匡徒之刑之有刑乎？"对曰："未之得闻也。"子墨子曰："今有人于此，什子，子能什誉之而一自誉乎②？"对曰："不能。""有人于此，百子，子能终身誉亓善，而子无一乎？"对曰："不能。"子墨子曰："匡一人者犹有罪，今子所匡者若此亓多，将有厚罪者也，何福之求？"子墨子有疾，跌鼻进而问曰③："先生以鬼神为明，能为祸福：为善者赏之，为不善者罚之。今先生圣人也，何故有疾？意者先生之言有不善乎？鬼神不明知乎？"子墨子曰："虽使我有病，何遽不明？人之所得于病者多方：有得之寒暑，有得之劳苦。百门而闭一门焉，则盗何遽无从入哉？"

【注释】

①富：通"福"。

②一：当作"无一"。

③跌鼻：人名。

【译文】

有个游学于墨子门下的人，对墨子说："先生您认为鬼神是明察事理的神灵，能给人带来祸福：给行善的人降福，使残暴的人得祸。现在我侍奉先生已经很久了，但福泽却没有降临，我怀疑先生的话是有不对的地方吧？鬼神并不明察事理吧？我为什么没有得到福泽呢？"墨子说："即使你没有得到福泽，我的话怎么就不对了呢？鬼神怎么就不明察了呢？你听说过藏匿服役者的法令要对这类事进行惩罚吗？”那人回答说："没有听说过这个。"墨子说："现在这里有一个人，才能十倍于你，你能够十倍地称誉他而一点也不称誉自己吗？"那人回答说："不能。""这里有一个人，才能百倍于你，你能终生称誉他的优点而没有一点称誉自己吗？"那人回答说："不能。"墨子说："藏匿一个人尚且有罪，现在你藏匿别人的优点如此之多，将会有重罪的，还求什么福泽？"墨子生病了，跌鼻进来问道："先生您认为鬼神圣明，能给人带来祸福：给行善的人奖赏，使作恶的人受罚。现在先生您是圣人，但为什么会生病呢？我怀疑先生的话是有不对的地方吧？鬼神并不明察事理吧？"墨子说："虽然我生了病，鬼神怎么就不明察了呢？人得病有多种原因：有人得病来自于冷热，有人得病来自于劳累辛苦。好比有一百扇门而只关上一扇，那么盗贼怎么就会没有地方进去呢？"

有游于子墨子之门者，身体强良，思虑徇通①，欲使随而学。子墨子曰："姑学乎，吾将仕子。"劝于善言而学，其年②，而责仕于子墨子。子墨子曰："不仕子。子亦闻夫鲁语乎？鲁有昆弟五人者，亓父死，亓长子嗜酒而不葬。亓四弟曰：'子与我葬，当为子沽酒。'劝于善言而葬。已葬，而责酒于其四弟。四弟曰：'吾未予子酒矣。子葬子父，我葬吾父，岂独吾父哉？子不葬，则人将笑子，故劝子葬也。'今子为义，我亦为义，岂独我义也哉？子不学，则人将笑子，故劝子于学。”

【注释】

①徇：通“侚”，疾，快。

②其年：即期年，整一年。

【译文】

有个游学于墨子门下的人，身体强壮健康，思维敏捷通达，墨子想让他跟随自己学习。墨子说：“你姑且跟我学习吧，我将举荐你做官。”这人受到好话的鼓舞便开始学习，学了一年以后，向墨子求官。墨子说：“我不举荐你去做官了。你听到过那个鲁国的故事吗？鲁国有兄弟五人，他们的父亲死了，大儿子天天喝酒不愿意去埋葬。他的四个弟弟说：‘你和我们一起把父亲埋葬了，我们就给你买酒。’长子受到好话的鼓舞便把父亲埋葬了。埋葬之后，就向四个弟弟要酒。四个弟弟说：‘我们不给你酒了。你埋你的父亲，我们埋我们的父亲，难道只是我们的父亲吗？你若不葬，那么别人就会讥笑你，所以劝你埋葬父亲啊。’现在你学习而行义事，我也行义事，难道只应该我一个人行义事吗？你若不学习，那么别人就会讥笑你，所以劝你学习。”

有游于子墨子之门者，子墨子曰：“盍学乎？”对曰：“吾族人无学者。”子墨子曰：“不然。夫好美者，岂曰吾族人莫之好，故不好哉？夫欲富贵者，岂曰吾族人莫之欲，故不欲哉？好美欲富贵者，不视人犹强为之。夫义，天下之大器也，何以视人必强为之？"

**【译文】**

有个游学于墨子门下的人，墨子说："为什么不学习呢？"那人回答说："我的族人中没有人学习。"墨子说："不是这样的。喜爱美女的人，难道会说我的族人都不喜欢，所以我也不要喜爱了？追求富贵的人，难道会说我的族人都不追求，所以我也不要追求了？喜爱美女与追求富贵的人，不管别人如何都努力去做。而义，是天下的大事，何必先看别人再努力去做呢？"

二三子有复于子墨子学射者，子墨子曰："不可。夫知者必量亓力所能至而从事焉。国士战且扶人<sup>①</sup>，犹不可及也。今子非国士也，岂能成学又成射哉？"

**【注释】**

①国士：在一国范围内最厉害的武士。

**【译文】**

有几个弟子禀告墨子想要学习射箭，墨子说："不可以。聪明的人必定衡量了自己的能力可以办到然后再去做。一国之中最厉害的勇士要想一边战斗，一边搀扶别人，尚且不可能做到。现在你们不是一国之中最厉害的勇士，怎么能既学好学业又学好射箭呢？"

二三子复于子墨子曰："告子曰言义而行甚恶<sup>①</sup>，请弃之！"子墨子曰："不可。称我言以毁我行，愈于亡。有人于此<sup>②</sup>，'翟甚不仁，尊天事鬼爱人，甚不仁'，犹愈于亡也。今告子言谈甚辩，言仁义而不吾毁，告子毁，犹愈亡也。"

　　二三子复于子墨子曰："告子胜为仁。"子墨子曰："未必然也！告子为仁，譬犹跂以为长<sup>①</sup>，隐以为广<sup>②</sup>，不可久也。"

**【译文】**

有几个弟子禀告墨子说："告子能胜任仁义之事。"墨子说："未必是这样啊！告子行仁义之事，就好像踮起脚尖当作自己个头长了，卧下当作自己面积大了，这是不能长久的。"

告子谓子墨子曰："我治国为政①。"子墨子曰："政者，口言之，身必行之。今子口言之，而身不行，是子之身乱也。子不能治子之身，恶能治国政？子姑防子之身乱之矣！"

**【注释】**

①我：疑当作"我能"。

**【译文】**

告子对墨子说："我能够治国施政。"墨子说："所谓施政，口里说了，还得亲自做到。现在你口里说了，但自己却不去做，这是你本身的错乱。你连你自己都管不好，怎么能治理国家的政事呢？你姑且先防备自身的错乱吧！"

# 鲁　问

　　此篇名为"鲁问"，本亦先秦子书撮取首篇二字为名之惯例，然此篇一半以上篇幅均为墨子与鲁君或鲁阳文君间的问答，故亦得其宜。

　　全篇的对话大都可以联系到墨子的十大主张，而且，有很多片断很精彩。如"子墨子见齐大王"一节，从试刀说起，层层递入，最后令齐大王明白攻打别国的不祥，末句写齐大王"俯仰而思之"，极生动传神。回答魏越的一节虽然很短而且没有故事，却全面地表达了墨子十大主张的内容及其对现实的针对性，这不啻为阅读墨子的一篇纲领。

　　有些片断不但可以看出墨子的思想，也可以感受到墨子的性格。如越王要封墨子五百里之地，然而，墨子面对诱惑却清醒甚至凛然；彭轻生子认为来者不可知，墨子的回答虽稍有诡辩的意味，却充满着事在人为的自信。

　　鲁君谓子墨子曰："吾恐齐之攻我也，可救乎？"子墨子曰："可。昔者，三代之圣王禹、汤、文、武，百里之诸侯也，说忠行义，取天下。三代之暴王桀、纣幽、厉，雠怨行暴，失天下。吾愿主君之上者尊天事鬼，下者爱利百姓，厚为皮币，卑辞令，亟遍礼四邻诸侯①，驱国而以事齐，患可救也。非愿无可为者。"

【注释】

①亟（jí）：疾速。

【译文】

　　鲁国国君对墨子说："我担心齐国来攻打我们鲁国，能解救吗？"墨子说："可以。从前夏商周三代的圣王夏禹、商汤、周文王、周武王，不过是领土只有一百里见方的诸侯，他们喜欢忠臣、推行仁义，终于取得了天下。夏商周三代的暴君夏桀、商纣、周幽王、周厉王，把对自己有怨言的人当作仇人、施行暴政，最终失去了天下。我希望主君您对上能尊敬上天敬事鬼神，对下能爱护并造福百姓，多准备钱财，要用谦卑的言论，赶快向所有周边的诸侯表示敬意，驱使全国的民众都共同来对付齐国，忧患就可以救免了。不是说就没有办法了。"

　　齐将伐鲁，子墨子谓项子牛曰①："伐鲁，齐之大过也。昔者，吴王东伐越，栖诸会稽②；西伐楚，葆昭王于随③；北伐齐，取国子以归于吴④。诸侯报其雠，百姓苦其劳，而弗为用，是以国为虚戾，身为刑戮也。昔者，智伯伐范氏与中行氏，兼三晋之地⑤，诸侯报其雠，百姓苦其劳，而弗为用，是以国为虚戾，身为刑戮，用是也⑥。故大国之攻小国也，是交相贼也，过必反于国。"

【注释】

①项子牛：齐国田和的将领。

②"吴王"两句：指吴王夫差攻打越国之事。会稽，指位于浙江绍兴的会稽山。

③"西伐楚"两句：吴军曾攻入楚国，楚国群臣保护楚王逃到随国。葆，通"保"。

④国子：名叫国书，齐国贵族。

⑤三晋之地：指晋国智氏、范氏与中行氏三家的地方。

⑥用是：衍文，当删。

【译文】

齐国将要攻打鲁国，墨子对齐国的将领项子牛说："攻打鲁国，是齐国的大错。从前，吴王向东攻打越国，迫使越王勾践退守会稽；向西攻打楚国，迫使楚人保护楚昭王逃到随国；向北攻打齐国，俘虏了齐国的上卿国书回到吴国。结果诸侯来向他报仇，老百姓也感到劳苦，不肯为他效力，因此国家灭亡，自己也被杀死。从前，智伯瑶攻打范氏与中行氏，兼并了晋国三家的领土，结果诸侯前来报仇，老百姓也感到劳苦，不肯为他效力，因此国家灭亡，自己也被杀死。所以大国攻打小国，那是互相残害，大国的错误必然反过来使其本国受害。"

子墨子见齐大王曰:"今有刀于此,试之人头,倅然断之<sup>①</sup>,可谓利乎?"大王曰:"利。"子墨子曰:"多试之人头,倅然断之,可谓利乎?"大王曰:"利。"子墨子曰:"刀则利矣,孰将受其不祥?"大王曰:"刀受其利,试者受其不祥。"子墨子曰:"并国覆军,贼杀百姓,孰将受其不祥?"大王俯仰而思之曰:"我受其不祥。"

**【注释】**

①倅(cù)然:猝然。倅,通"猝"。

**【译文】**

墨子去见齐太王说:"现在这里有把刀,用它来试砍人头,一下子就砍断了,可以称得上锋利吗?"齐太王说:"锋利。"墨子说:"多次试着砍人头,都是一下子就砍断了,可以称得上锋利吗?"齐太王说:"锋利。"墨子说:"刀算是试出锋利了,但谁将因此而得到不祥呢?"齐太王说:"刀展示了锋利,而试刀砍头的人将遭到不祥。"墨子说:"兼并别的国家、消灭别国的军队,残杀无辜的百姓,谁将因此而得到不祥呢?"齐太王低下头思考后抬头说:"我将遭到不祥。"

鲁阳文君将攻郑,子墨子闻而止之,谓鲁阳文君曰:"今使鲁四境之内,大都攻其小都,大家伐其小家，杀其人民，取其牛马、狗豕、布帛、米粟、货财，则何若？"鲁阳文君曰："鲁四境之内，皆寡人之臣也。今大都攻其小都，大家伐其小家，夺之货财，则寡人必将厚罚之。"子墨子曰："夫天之兼有天下也，亦犹君之有四境之内也。今举兵将以攻郑，天诛亓不至乎？"鲁阳文君曰："先生何止我攻郑也？我攻郑，顺于天之志。郑人三世杀其父①，天加诛焉，使三年不全。我将助天诛也。"子墨子曰："郑人三世杀其父，而天加诛焉，使三年不全，天诛足矣。今又举兵将以攻郑，曰：'吾攻郑也，顺于天之志。'譬有人于此，其子强梁不材，故其父笞之，其邻家之父举木而击之，曰：'吾击之也，顺于其父之志。'则岂不悖哉？"

【注释】

①父：当为"君"字，下同。此指郑哀公、郑幽公与郑缥公三君被杀之事。

【译文】

鲁阳文君将要攻打郑国，墨子听说后就去制止他，并对鲁阳文君说："现在假如让鲁阳的边境之内，大的城池攻打小的城池，大的家族攻打小的家族，屠杀人民，夺取牛马猪狗和布帛、粮食、货物和钱财，会怎么样呢？"鲁阳文君说："鲁阳边境之内，都是我的臣民。现在如果大的城池攻打小的城池，大的家族攻打小的家族，掠夺货物和钱财，那我必定要重重地惩罚他们！"墨子说："上天拥有天下所有的土地，也就好像您拥有鲁阳边境之内的土地一样。现在您要发兵攻打郑国，上天的惩罚难道不会降临到您头上吗？"鲁阳文君说："先生为什么要阻止我攻打郑国呢？我攻打郑国，是顺从上天的意志啊。郑国人已经有三代把自己的国君杀了，上天对他们进行了惩罚，使他们三年年成不好，我将帮助上天惩罚他们。"墨子说："郑国人有三代把自己的国君杀了，上天已经惩罚了他们，使他们三年年成不好，上天的惩罚已经足够了。现在您又发兵将要攻打郑国，说：'我攻打郑国，是顺从上天的意志。'就好像这里有个人，他的儿子蛮横强悍不成才，因此他的父亲鞭打他，他们邻居家的父亲也举起木棍来打他，说：'我打他，是顺从他父亲的意志。'这岂不是很荒谬的吗？"

子墨子谓鲁阳文君曰："攻其邻国，杀其民人，取其牛马、粟米、货财，则书之于竹帛，镂之于金石，以为铭于钟鼎，传遗后世子孙曰'莫若我多'。今贱人也，亦攻其邻家，杀其人民，取其狗豕、食粮、衣裘，亦书之竹帛，以为铭于席豆①，以遗后世子孙曰'莫若我多'。亓可乎？"鲁阳文君曰："然，吾以子之言观之，则天下之所谓可者，未必然也。"

**【注释】**

①席：当为"度"，即度量之具。豆：盛祭品的器皿。

**【译文】**

墨子对鲁阳文君说:"诸侯攻打邻国,杀死邻国的民众,掠夺邻国的牛马、粮食、货物和钱财,并写在竹帛上,雕刻在金属和石头上,铸铭文在钟鼎上,留传给后世子孙说'都没有我掠夺得多'。现在那些民众,也去攻打他的邻居,杀死邻家的人,夺取人家的猪狗、粮食和衣服,也写在竹帛上,刻铭文在他家的祭器上,留传给后世子孙说'都没有我掠夺得多'。这样做可以吗?"鲁阳文君说:"是啊,我从你的话里知道,天下很多所谓可以做的事,未必都是可以做的啊!"

子墨子谓鲁阳文君曰:"世俗之君子,皆知小物而不知大物。今有人于此,窃一犬一彘,则谓之不仁;窃一国一都,则以为义。譬犹小视白谓之白,大视白则谓之黑。是故世俗之君子,知小物而不知大物者,此若言之谓也。"

**【译文】**

墨子对鲁阳文君说:"世俗的君子们,都只明了小的事物而不明了大的事物。现在这里有一个人,偷了一只狗一头猪,就称他为不仁;而偷去了一个国家一座城池,却认为这是义。就好像看到一小块白说这是白色,看到一大片白却说这是黑色一样。所以世俗的君子们,都只明了小的事物而不明了大的事物,这就是这句话要说的意思。"

鲁阳文君语子墨子曰："楚之南有啖人之国者桥①，其国之长子生，则解而食之，谓之宜弟。美，则以遗其君，君喜则赏其父，岂不恶俗哉？"子墨子曰："虽中国之俗，亦犹是也。杀其父而赏其子，何以异食其子而赏其父者哉？苟不用仁义，何以非夷人食其子也？"

【注释】

①桥：即《节葬下》中所说的"鞻沐"，"桥"为"鞻沐"二字的合音。

【译文】

鲁阳文君对墨子说："楚国的南面一个有吃人风俗的国家叫桥，这个国家的长子一生下来，就被杀掉来吃，这叫做'宜弟'。如果味道鲜美就送给国君吃，国君若吃得高兴就重赏这位父亲，这难道不是很恶劣的风俗吗？"墨子说："即使中原各国的风俗，也像这一样啊。杀死他的父亲然后奖赏他的儿子，与吃他的儿子然后再奖赏他的父亲有什么不同呢？如果自己不施行仁义，又凭什么来批判夷人吃儿子的风俗呢？"

鲁君之嬖人死①，鲁君为之诔②，鲁人因说而用之。子墨子闻之曰："诔者，道死人之志也，今因说而用之，是犹以来首从服也③。"

【注释】

①嬖（bì）人：爱妾。

②诔（lěi）：诔文，叙述死者功德的悼词。

③来首：当为"犛首"，即牦牛的头。

【译文】

鲁国国君的爱妾死了，鲁国国君为她写了一篇诔文，鲁国人很喜欢所以经常引用它。墨子听后说："诔文，是用来表达死者心志的，现在因为喜欢而引用它，这就好像用牦牛的头来做衣服一样。"

鲁阳文君谓子墨子曰："有语我以忠臣者，令之俯则俯，令之仰则仰，处则静，呼则应，可谓忠臣乎？"子墨子曰："令之俯则俯，令之仰则仰，是似景也。处则静，呼则应，是似响也。君将何得于景与响哉？若以翟之所谓忠臣者，上有过，则微之以谏①；己有善，则访之上而无敢以告；外匡其邪而入其善；尚同而无下比。是以美善在上，而怨雠在下；安乐在上，而忧戚在臣。此翟之所谓忠臣者也。"

【注释】

①微：伺察。

【译文】

鲁阳文君对墨子说："有人告诉我一个忠臣，让他低头就低头，让他抬头就抬头，坐着就静静地不出声，喊他就立刻答应，可以称他为忠臣吗？"墨子说："让他低头就低头，让他抬头就抬头，这就好像影子一样。坐着就静静地不出声，喊他就立刻答应，这就好像回声一样。您将会从影子和回声里得到什么呢？如果按我的标准，能称得上忠臣的人，君主有过错就要寻找机会劝谏；自己有好主意，就与君主商量，不敢把它告诉别人；纠正君主的过失而把他引入正道；与君主保持一致而不与下边的人结党营私。因此美名归于君主，而仇怨由臣下担当；安乐归于君主，而忧患由臣下担当。这就是我所说的忠臣。"

　　鲁君谓子墨子曰："我有二子，一人者好学，一人者好分人财，孰以为太子而可？"子墨子曰："未可知也。或所为赏与为是也①。鲂者之恭②，非为鱼赐也；饵鼠以虫③，非爱之也。吾愿主君之合其志功而观焉。"

【注释】

①与：称赞，赞物。

②鲂：同"钓"。

③虫：疑当作"蛊"。

【译文】

　　鲁国国君对墨子说："我有两个儿子，一个爱学习，一个爱施舍给别人钱财，把谁立为太子好呢？"墨子说："还不能知道。或许他们是为了获得好名声才做这些事的。钓鱼的人那么恭敬，不是为了给鱼恩赐；用毒饼来喂老鼠，不是因为爱它们。我希望您结合他们的动机和结果来考察。”

鲁人有因子墨子而学其子者，其子战而死。其父让子墨子。子墨子曰：“子欲学子之子，今学成矣，战而死，而子愠。是犹欲粜①，籴雠则愠也②。岂不费哉③？”

【译文】
鲁国有个人让他的儿子跟随墨子学习，他的儿子在战争中死了。他父亲就责备墨子。墨子说：“你想让你的儿子学习，现在学成了，在战斗中死去，你却很恼怒。这就好像你要卖米，但看到人家买米就生气一样。这岂不是很荒谬吗？”

鲁之南鄙人有吴虑者，冬陶夏耕，自比于舜。子墨子闻而见之。吴虑谓子墨子曰：“义耳义耳，焉用言之哉？”子墨子曰：“子之所谓义者，亦有力以劳人，有财以分人乎？”吴虑曰：“有。”子墨子曰：“翟尝计之矣。翟虑耕而食天下之人矣，盛，然后当一农之耕，分诸天下，不能人得一升粟。籍而以为得一升粟①，其不能饱天下之饥者，既可睹矣。

翟虑织而衣天下之人矣，盛，然后当一妇人之织，分诸天下，不能人得尺布。籍而以为得尺布，其不能暖天下之寒者，既可睹矣。翟虑被坚执锐救诸侯之患，盛，然后当一夫之战，一夫之战其不御三军，既可睹矣。翟以为不若诵先王之道而求其说，通圣人之言而察其辞。上说王公大人，次说匹夫徒步之士。王公大人用吾言，国必治；匹夫徒步之士用吾言，行必修。故翟以为虽不耕而食饥，不织而衣寒，功贤于耕而食之、织而衣之者也。故翟以为虽不耕织乎，而功贤于耕织也。"

**【注释】**

①籍而：假如。

**【译文】**

鲁国南方边境上有一个叫吴虑的人，冬天做陶器，夏天耕种，把自己比作舜。墨子听说了就去见他。吴虑对墨子说："不过是义罢了呀，不过是义罢了，何必要来说它呢？"墨子说："你所说的义，也包括有力气的人帮人劳动，有财物的人分施别人吗？"吴虑说："有。"墨子说："我曾经考虑过这件事。我想亲自去耕种来使天下人有饭吃，就算种得很好，也只顶得上一个农夫耕种的收获，分配给天下人，平均每个人分不到一升米。就算每人分到了一升米，也不能让天下挨饿的人都吃饱，这是显而易见的。我想亲自去织布来使天下人有衣服穿，就算织得快，也只顶得上一个妇人织布的收获，分配给天下人，平均每个人分不到一尺布。就算每人分到了一尺布，也不能让天下寒冷的人都穿暖和，这是显而易见的。我想亲自去身披铠甲手执武器来拯救诸侯的危难，就算很勇猛，也只顶得上一个士兵的战斗力，一个人打仗无法抵御敌人的三军，这是显而易见的。我认为不如诵习先王之道来研究他们的学说，通晓圣人的言论来考察他们讲的是什么。向上游说王公大人，其次游说平民百姓。王公大人采纳我的话，国家一定大治；平民百姓采纳我的话，德行一定变得美好。因此我认为，即使不耕种来给饥饿的人饭吃，不织布来给寒冷的人衣服穿，效果却要好于耕种给人饭吃、织布给人衣服穿。所以我认为虽然不耕种织布，但效果却要好于耕种织布。"

吴虑谓子墨子曰："义耳义耳，焉用言之哉？"子墨子曰："籍设而天下不知耕，教人耕，与不教人耕而独耕者，其功孰多？"吴虑曰："教人耕者其功多。"子墨子曰："籍设而攻不义之国，鼓而使众进战，与不鼓而使众进战而独进战者，其功孰多？"吴虑曰："鼓而进众者其功多。"子墨子曰："天下匹夫徒步之士少知义，而教天下以义者功亦多，何故弗言也？若得鼓而进于义，则吾义岂不益进哉？"

**【译文】**

吴虑对墨子说："不过是义罢了呀，不过是义罢了，何必要来说它呢？"墨子说："假如天下人不懂得耕种，那么教人耕种与不教人耕种只自己耕种，他们的效果谁的更好？"吴虑说："教人耕种的效果好。"墨子说："假设要攻伐不义的国家，擂起战鼓使大军前进作战，与不擂战鼓使大军前进作战而独自前进作战，他们的效果谁的更好？"吴虑说："擂起战鼓使大军前进作战的效果好。"墨子说："天下的平民百姓很少有知道义的，那么用义来教导天下的人，功劳也很大，为什么不说呢？如果能够擂鼓让天下的人都达到义，那么我的义难道不是更进一步了吗？"

子墨子游公尚过于越。公尚过说越王，越王大说，谓公尚过曰："先生苟能使子墨子于越而教寡人，请裂故吴之地，方五百里，以封子墨子。"公尚过许诺。遂为公尚过束车五十乘，以迎子墨子于鲁。曰："吾以夫子之道说越王，越王大说，谓过曰，苟能使子墨子至于越而教寡人，请裂故吴之地，方五百里，以封子。"子墨子谓公尚过曰："子观越王之志何若？意越王将听吾言，用我道，则翟将往，量腹而食，度身而衣，自比于群臣，奚能以封为哉？抑越王不听吾言，不用吾道，而吾往焉，则是我以义粜也。钧之粜①，亦于中国耳，何必于越哉？"

【注释】

① 钧：通"均"。

【译文】

墨子让公尚过到越国去。公尚过游说越王，越王很高兴，对公尚过说："先生如果能使墨子到越国来教导我，我愿意划出原来吴国的土地五百里，来封赐给墨子。"公尚过答应了。越王就为公尚过准备了五十辆车，来鲁国迎接墨子。公尚过对墨子说："我用老师您的学说来游说越王，越王大为高兴，对我说，如果能使墨子到越国来教导我，我愿意划出原来吴国的土地五百里，来封赐给墨子。"墨子对公尚过说："你看越王的志向是什么样的呢？如果越王能听从我的善言，采用我的学说，那我就去，估量着肚子吃饭，估量着身体穿衣，把自己当作普通的群臣，哪里会因为有封地才去呢？如果越王不能听从我的善言，不能采用我的学说，而我却去了，那就是我把义给出卖了。都是出卖，卖给中原各国也可以，何必非要卖给越国呢？"

　　子墨子游，魏越曰<sup>①</sup>："既得见四方之君，子则将先语<sup>②</sup>？"子墨子曰："凡入国，必择务而从事焉。国家昏乱，则语之尚贤、尚同；国家贫，则语之节用、节葬；国家憙音湛湎<sup>③</sup>，则语之非乐、非命；国家淫僻无礼，则语之尊天、事鬼；国家务夺侵凌，即语之兼爱、非攻。故曰择务而从事焉。"

**【注释】**

①魏越：墨子的弟子。

②先：当为"奚"字。

③憙：喜欢的意思。湛湎：即"沉湎"。

**【译文】**

墨子出外游历，魏越问："见到四方的君主，您将优先说什么呢？"墨子说："凡是到一个国家，一定要选择最紧要的事去做。如果国家混乱，就告诉他们尚贤、尚同的道理；国家贫穷，就告诉他们节用、节葬的道理；国家纵情声色并沉湎于酒，就告诉他们非乐、非命的道理；国家淫乱无礼，就告诉他们尊天、事鬼的道理；国家喜欢掠夺侵略，就告诉他们兼爱、非攻的道理。所以说要选择最紧要的事去做。"

子墨子出曹公子而于宋①，三年而反。睹子墨子曰："始吾游于子之门，短褐之衣，藜藿之羹，朝得之则夕，弗得祭祀鬼神。今而以夫子之教，家厚于始也。有家厚，谨祭祀鬼神。然而人徒多死，六畜不蕃②，身湛于病。吾未知夫子之道之可用也。"子墨子曰："不然！夫鬼神之所欲于人者多：欲人之处高爵禄则以让贤也，多财则以分贫也。夫鬼神岂唯擢季拊肺之为欲哉③？今子处高爵禄而不以让贤，一不祥也；多财而不以分贫，二不祥也。今子事鬼神，唯祭而已矣，而曰病何自至哉，是犹百门而闭一门焉，曰盗何从入。若是而求福，於有④，怪之鬼，岂可哉？"

**【注释】**

①出：当为"士"，即"仕"字。曹公子：墨子的弟子。

②蕃（fán）：繁殖。

③季：当为"肝"字之误，"肝"误为"秆"，又再误为"季"。据《曲礼》所载，商代的人以肝祭祀，周代的人以肺祭祀。拑（qián）：胁持，夹住。

④於：同"乌"。

**【译文】**

墨子让曹公子到宋国去做官，他过了三年回来了。见到墨子说："当初我在您的门下学习，穿着短的粗布衣服，喝着野菜汤，早上吃了就得一直到晚上，没有什么来祭祀鬼神。现在因为您的教导，我的家比起初富裕了。因为家里富了，所以能恭恭敬敬地祭祀鬼神。但是家里人却一个一个地死去了，牲畜也不兴旺，自己也疾病缠身。我不知道您的学说是不是可行。"墨子说："不是这样。鬼神希望人做的事情很多：希望人处于高官厚禄时能够让贤，财物多的时候能够分给穷人。鬼神难道只想拿走肝肺等祭品吗？现在你身处高官厚禄却不能让贤，这是第一种不祥；财物很多却不分施给穷人，这是第二种不祥。现在你事奉鬼神，只是祭祀罢了，却问病是从哪里来的，这就好像有一百扇门只关上一扇门，却问盗贼从哪里进来一样。像这样来求福佑，没有得到，就责怪鬼神，那怎么可以呢？"

鲁祝以一豚祭，而求百福于鬼神。子墨子闻之曰："是不可！今施人薄而望人厚，则人唯恐其有赐于己也。今以一豚祭，而求百福于鬼神，唯恐其以牛羊祀也①。古者圣王事鬼神，祭而已矣。今以豚祭而求百福，则其富不如其贫也。”

①唯恐其以牛羊祀也：句首当补“鬼神”二字。

**【译文】**

鲁国的司祭用一头小猪祭祀，并向鬼神祈求各种福佑。墨子闻知此事后说：“这样是不可以的！现在如果送给别人很少的东西而希望人家回报很多的东西，那么人们就会怕你再送东西给自己了。现在用一只小猪祭祀，却向鬼神祈求各种福佑，那么鬼神就会害怕你用牛羊来祭祀了。古代的圣王事奉鬼神，只是祭祀罢了。现在却用一头小猪祭祀并祈求各种福佑，那他太丰盛的祭品还不如贫乏些。”

彭轻生子曰：“往者可知，来者不可知。”子墨子曰：“籍设而亲在百里之外，则遇难焉，期以一日也，及之则生，不及则死。今有固车良马于此，又有奴马四隅之轮于此①，使子择焉，子将何乘？”对曰：“乘良马固车，可以速至。”子墨子曰：“焉在矣来②！”

**【注释】**

①奴：通“駑”。四隅之轮：指不圆而有角的轮子。

②矣：当作“不知”。

**【译文】**

彭轻生子说：“过去的事情可以知道，将来的事情无法知道。"墨子说："假设你的双亲在百里之外的地方，遇到了危难，只有一天的期限，你赶到，他们就能活，你赶不到，他们就会死。现在有坚固的车子和好马在这里，又有劣马和车轮不圆的破车在这里，让你来选择，你将选择乘哪辆车呢？"彭轻生子回答说："乘坐好马拉的坚固的车，这样可以早些赶到。"墨子说："那怎么不能预知未来的事情呢？"

孟山誉王子闾曰<sup>①</sup>："昔白公之祸<sup>②</sup>，执王子闾斧钺钩要<sup>③</sup>，直兵当心，谓之曰：'为王则生，不为王则死。'王子闾曰：'何其侮我也！杀我亲而喜我以楚国。我得天下而不义，不为也，又况于楚国乎！'遂而不为。王子闾岂不仁哉？"子墨子曰："难则难矣，然而未仁也。若以王为无道，则何故不受而治也？若以白公为不义，何故不受王，诛白公然而反王？故曰难则难矣，然而未仁也。"

【注释】
①孟山：墨子的弟子。王子闾：名启，楚平王的儿子。
②白公：即白公胜，楚平王的孙子，他曾发动叛乱，并胁迫王子闾做楚王。
③钺（yuè）：古代一种形似斧的兵器。要：同"腰"。
【译文】
孟山称赞王子闾说："从前白公胜叛乱，抓住王子闾并用大斧抵着他的腰，用剑矛直对着他的心脏，对他说：'你愿意当楚王就让你活，不同意当楚王就让你死。'王子闾说：'这是何等的侮辱我啊！杀死我的亲人，却拿楚国的王位来让我开心。假使我得到了整个天下，如果不合于仁义的话，我也不会做，更何况只是楚国呢！'于是坚决不从。王子闾难道不算是仁吗？"墨子说："这是很难做到的，但还称不上仁。如果认为楚王无道，那为什么不接受王位并治理楚国呢？如果认为白公胜不义，那为什么不接受王位，再杀掉白公胜然后把王位还给楚王呢？所以说这是很难做到的，但还称不上仁。"

　　子墨子使胜绰事项子牛<sup>①</sup>。项子牛三侵鲁地，而胜绰三从。子墨子闻之，使高孙子请而退之曰<sup>②</sup>："我使绰也，将以济骄而正嬖也<sup>③</sup>。今绰也禄厚而谲夫子<sup>④</sup>，夫子三侵鲁，而绰三从，是鼓鞭于马靳也<sup>⑤</sup>。翟闻之，言义而弗行，是犯明也。绰非弗之知也，禄胜义也。"

【注释】

①胜绰：墨子的弟子。

②高孙子：墨子的弟子。

③嬖：意同"僻"，邪僻。

④谲（jué）：欺诈，邪僻。

⑤靳：即"膺"，马的胸脯。这句话的意思是说胜绰不能济骄反而助恶。

**【译文】**

　　墨子让胜绰到项子牛那里去做官。项子牛三次侵犯鲁国的领土，胜绰三次都参与了。墨子听说后，派高孙子去请求项子牛把胜绰辞退回来，并捎话说："我推荐胜绰去，是为了让他制止骄傲并纠正邪僻。现在胜绰有了厚禄却去欺骗您，您三次侵略鲁国，胜绰三次都跟随您去，这真是打马的前胸来赶马啊。我听说，嘴里说仁义却不付诸行动，这是明知故犯。胜绰不是不懂得这些道理，而是他把俸禄看得比义还重要。"

　　昔者楚人与越人舟战于江，楚人顺流而进，迎流而退；见利而进，见不利则其退难。越人迎流而进，顺流而退；见利而进，见不利则其退速。越人因此若埶<sup>①</sup>，亟败楚人。公输子自鲁南游楚，焉始为舟战之器<sup>②</sup>，作为钩强之备<sup>③</sup>：退者钩之，进者强之。量其钩强之长，而制为之兵。楚之兵节<sup>④</sup>，越之兵不节，楚人因此若埶，亟败越人。公输子善其巧，以语子墨子曰："我舟战有钩强，不知子之义亦有钩强乎？"子墨子曰："我义之钩强，贤于子舟战之钩强。我钩强我<sup>⑤</sup>，钩之以爱，揣之以恭<sup>⑥</sup>。弗钩以爱则不亲，弗揣以恭则速狎，狎而不亲则速离。故交相爱，交相恭，犹若相利也。今子钩而止人，人亦钩而止子；子强而距人<sup>⑦</sup>，人亦强而距子。交相钩，交相强，犹若相害也。故我义之钩强，贤子舟战之钩强。"

【注释】

①埶：即"势"。

②焉：于是。

③钩强：即"钩镶"，引来叫"钩"，推去叫"镶"。

④节：适用的意思。下同。

⑤我钩强我：下"我"字当作"义"字。

⑥揣：当为"强"字。下同。

⑦距：通"拒"。

【译文】

从前楚国人与越国人在长江上进行船战，楚国人进攻时顺水而行，退兵时逆水而行；作战有利时就前进，作战不利时退兵却很难。越国人逆水进攻，顺水退兵；作战有利时就前进，作战不利时退兵很快。越国人凭借这种水势，多次打败楚国人。公输盘从鲁国南游到楚国，于是开始制造用于船战的兵器，造出了钩镶这种兵器来装备：敌人后退就用钩钩住他，敌人前进就用镶顶住他。他估量了钩镶所需要的长度，制造成兵器。楚国的兵器适用，越国的兵器不适用，楚国人凭借这种兵器上的优势，多次打败越国人。公输盘很得意于他的技巧，以此来对墨子说："我在船战时有钩镶，不知你的义也有钩镶吗？"墨子说："我义的钩镶，要好于你船战时的钩镶。我的钩镶是以义为核心的，用爱来钩，用恭敬来镶。不用爱来钩就不会亲近，不用恭敬来镶就会轻慢，轻慢而不亲近就会很快离散。所以互相关爱，互相恭敬，就是互相得利。现在你用钩来使人停止，别人也用钩来使你停止；你用镶来推开别人，别人也用镶

来推开你。大家互相钩，互相镶，就是互相残害啊。所以
我义的钩镶，要好于你船战时的钩镶。"

公输子削竹木以为鹊，成而飞之，三日不下，
公输子自以为至巧。子墨子谓公输子曰："子之为
鹊也，不如翟之为车辖①。须臾刘三寸之木②，而任
五十石之重③。故所为巧，利于人谓之巧，不利于
人谓之拙。"

【注释】

①车辖：车轴两端的键，防止车轮脱落。
②须臾：一会儿。刘：当作"斲"，即"斫"。
③石：古代重量单位，一石一百二十斤。

【译文】

公输盘用竹子和木头削成了一只鹊，做成后便可以飞
起来，三天不落下来，公输盘自以为这是最巧妙的制作了。
墨子对公输盘说："你所做的鹊，还不如我造的车辖。一会
儿就砍成三寸大小的木块，能承受五十石的重量。因此，
要制造巧妙的器物，有利于人的才是真的巧妙，无益于人
的只能称之为拙。"

公输子谓子墨子曰："吾未得见之时，我欲得
宋，自我得见之后，予我宋而不义，我不为。"子
墨子曰："翟之未得见之时也，子欲得宋；自翟得见
子之后，予子宋而不义，子弗为，是我予子宋也。

子务为义，翟又将予子天下。"

**【译文】**

公输盘对墨子说："我没见到您的时候，我想得到宋国；自从我见到您之后，即使把宋国给我，如果不符合于义的话，我也不要。"墨子说："我没见到你之前，你想得到宋国；自从我见到你之后，即使把宋国给你，如果不符合于义的话，你也不要，可我还是要把宋国送给你了。你只要努力做义事，我还要把天下送给你。"

# 公　输

　　本篇篇幅虽然不大，却是《墨子》中极具华彩的一篇，从某种程度上来说，《墨子》一书的文学价值是由这一篇文字支撑起来的。

　　短短数百字，却跌宕起伏、惊心动魄，故事的转折与突变极类传奇小说中的经典情节，文中三人的形象也极为生动。尤其是墨子，不但有勇有谋、大仁大义，而且具有大智慧、大悲悯。他的消弭战事，并非昵于宋而疏于楚，而是出于悲悯之心，这种悲悯是对于人的，不管他是生于楚，还是生于宋！其实，这也正是他兼爱主张的具体表现。

　　大师总是随手点染，便成绝世妙文：事情已经解决，本可结束了，可末段又有三十余字，看似不经意，却意味深长，它不但对墨子的形象再为渲染，更重要的是，它还透出一种通达之后的苍凉，使全文明朗单纯的主题突然变的沉重起来！

公输盘为楚造云梯之械①，成，将以攻宋。子墨子闻之，起于②，齐行十日十夜而至于郢③，见公输盘。公输盘曰："夫子何命焉为？"子墨子曰："北方有侮臣④，愿藉子杀之！"公输盘不说。子墨子曰："请献十金。"公输盘曰："吾义固不杀人。"子墨子起，再拜曰："请说之。吾从北方闻子为梯，将以攻宋。宋何罪之有？荆国有余于地，而不足于民，杀所不足，而争所有余，不可谓智；宋无罪而攻之，不可谓仁；知而不争，不可谓忠；争而不得，不可谓强；义不杀少而杀众，不可谓知类。"公输盘服。子墨子曰："然乎？不已乎？"公输盘曰："不可。吾既已言之王矣。"子墨子曰："胡不见我于王？"公输盘曰："诺。"

【注释】

①公输盘：《史记》记载为公输般，为鲁国能工巧匠，即鲁班。云梯：古代用来登高攻城的器械。

②起于：下当补一"鲁"字。

③齐：即"疾"。郢：楚国国都，在今湖北江陵。

④北方有侮臣：句下当补一"者"字。

【译文】

公输盘为楚国制造攻城的云梯，造成后，准备用它来攻打宋国。墨子听说后，从鲁国动身，赶了十天十夜的路，到达了郢，见到公输盘。公输盘说："先生有何见教？"墨子说："北方有个侮辱我的人，我想拜托你把他杀掉！"公输盘听了很不高兴。墨子说："我奉送十镒黄金。"公输盘说："我讲义，不随便杀人。"墨子站起来，对公输盘拜了两次说："请听我说说义。我在北方听说你制成了云梯，准备用来攻打宋国。宋国有什么罪过呢？楚国土地有余，而人口不足，牺牲自己本来不足的人民，去争夺本来有余的土地，不能算作有智慧；宋国没有罪却要攻打他，这不能说是仁；知道了这个道理却不去诤谏，不能算作忠；诤谏了却达不到目的，不能算作强；你讲义而不愿意杀那几个人，却要去杀宋国众多的人，不能算作明了事理。"公输盘被说服了。墨子说："你赞同吗？那为什么不停止呢？"公输盘说："不行。我已经说给楚王了。"墨子说："为什么不把我引荐给楚王呢？"公输盘说："好的。"

子墨子见王，曰："今有人于此，舍其文轩，邻有敝舆，而欲窃之；舍其锦绣，邻有短褐，而欲窃之；舍其粱肉，邻有糠糟，而欲窃之。此为何若人？"王曰："必为窃疾矣①。"子墨子曰："荆之地方五千里，宋之地方五百里，此犹文轩之与敝舆也；荆有云梦②，犀兕麋鹿满之③，江汉之鱼鳖鼋鼍为天下富④，宋所为无雉兔狐狸者也⑤，此犹粱肉之与糠糟也；荆有长松、文梓、楩楠豫章⑥，宋无长木，犹锦绣之与短褐也。臣以三事之攻宋也⑦，为与此同类。"王曰："善哉！虽然，公输盘为我为云梯，必取宋。"

**【注释】**

①为：疑作"有"。

②云梦：云梦泽，古代的大湿地。

③兕（sì）：雌性犀牛。

④鼋鼍（yuántuó）：鼋即龟，鼍是鳄鱼的一种。

⑤狐狸：当作"鲋鱼"。

⑥楩（pián）：一种名贵的乔木。楠：楠木。豫章：也是一种树木。

⑦之：疑当作"比之"。

**【译文】**

墨子见到了楚王，说："现在这里有一个人，舍弃自己华丽的彩车，邻居有破车，却想去偷；舍弃他锦绣的衣服，邻居有粗布衣服，却想去偷；舍弃他的精致的饭菜，邻居有糟糠，却想去偷。这是一个什么样的人呢？"楚王说："他必定得了偷窃的病。"墨子说："楚国的土地方圆五千里，宋国的土地方圆五百里，这就像彩车与破车一样；楚国有云梦泽，犀牛麋鹿满地都是，长江汉水里出产的鱼鳖鼋鼍，可以说是天下最丰富的了，而宋国却是连野鸡、野兔和鲫鱼都没有的地方，这就像精致的饭菜与糟糠一样；楚国有高大的松树、优质的梓木和楩楠樟树，而宋国都没有像样的木材，这就像锦绣的衣服与粗布衣服一样。我用这三件事来比照攻打宋国的事，发现与此是同类的事。"楚王说："说的好啊！即使这样，公输盘已经为我造好了云梯，我还是要攻打宋国。"

于是见公输盘。子墨子解带为城，以牒为械①，公输盘九设攻城之机变，子墨子九距之。公输盘之攻械尽，子墨子之守圉有余。公输盘诎②，而曰："吾知所以距子矣，吾不言。"子墨子亦曰："吾知子之所以距我，吾不言。"楚王问其故，子墨子曰："公输子之意，不过欲杀臣。杀臣，宋莫能守，可攻也。然臣之弟子禽滑釐等三百人，已持臣守圉之器，在宋城上而待楚寇矣。虽杀臣，不能绝也。"楚王曰："善哉！吾请无攻宋矣。"

**【注释】**

①牒：木板。

②诎（chù）：屈，指公输盘技穷后无可奈何的样子。

**【译文】**

于是召见公输盘。墨子解下衣带做城池，用木片做兵器，公输盘九次巧妙设置不同的器械来攻城，九次都被墨子抵挡住了。公输盘攻城的器械已经用尽了，而墨子守城的方法还绰绰有余。公输盘没有办法了，说："我知道用什么办法对付你了，我不说。"墨子说："我知道你将用什么办法对付我，我也不说。"楚王问是什么缘故，墨子说："公输盘的意思，不过是想杀掉我。若杀掉我，宋国便没人能守城了，就可以攻打了。但是我的弟子禽滑釐等三百人，已经手持我守城的器械，在宋国城头上等候楚兵的入侵了。即使杀死我，也无法消灭我守御的办法。"楚王说："好吧！我就不攻打宋国了。"

子墨子归，过宋。天雨，庇其闾中<sup>①</sup>，守闾者不内也<sup>②</sup>。故曰：治于神者，众人不知其功，争于明者，众人知之。

**【注释】**

①闾（lǘ）：里巷的门。

②内：同"纳"。

**【译文】**

墨子归来，路过宋国。天上下起了大雨，墨子想到里巷避雨，守门的人却不让他进去。所以说：运用神机的人，众人不知道他的功劳；在明处争斗不休的人，众人却都知道他。

# 备　梯

　　墨子被他十大主张的盛名所掩，很多人也许不知道或忽略了他另外的成就：比如他的军事才能。其实，他在军事上，尤其是在防守方法与防守工事及机械中所达到的成就，也许先秦诸子中专门以兵家鸣于世的人亦未能至此。而这些内容都集中体现在墨子《备城门》以下诸篇中。根据《备城门》篇中所提及篇目，学者认为城守各篇共当有二十一篇，涉及十余种攻城方法的对策。现存十一篇。

　　上节的《公输》主要讲了墨子如何为宋国免去了一场迫在眉睫的灭顶之灾，其中楚国最为重要的攻城器械便是能工巧匠公输盘所制造的云梯，而且，不管墨子的言论如何具有说服力，他最终都得依靠实力解决这一问题，实力就体现在对公输盘所造云梯的防守上。而这一篇就是针对云梯的。

　　禽滑釐子事子墨子三年①，手足胼胝②，面目黧黑，役身给使，不敢问欲。子墨子甚哀之，乃管酒块脯③，寄于大山④，昧葇坐之⑤，以樵禽子⑥。禽子再拜而叹。子墨子曰："亦何欲乎？"禽子再拜再拜曰："敢问守道？"子墨子曰："姑亡，姑亡。古有亓术者，内不亲民，外不约治，以少间众，以弱轻强，身死国亡，为天下笑。子亓慎之，恐为身姜⑦。"禽子再拜顿首，愿遂问守道，曰："敢问客众而勇，烟资吾池⑧，军卒并进，云梯既施，攻备已具，武士又多，争上吾城，为之奈何？"

【注释】

①禽滑釐子：即禽滑釐，墨子的大弟子。此文当为墨家后学所记录，故称其为"子"。

②胼胝（piánzhī）：手掌或足底因磨砺而生出的厚皮，即茧。

③块：通"馈"。脯（fǔ）：干肉。

④大山：太山，即泰山。

⑤昧葇：即"篾茅"，都是编席子的材料。

⑥樵：通"醮"（jiào），即简单地饮酒。

⑦姜：同"僵"。

⑧烟资：当为"堙（yīn）茨"，填堙的意思。

【译文】

禽滑釐事奉墨子三年，手和脚都起了老茧，脸也变得黧黑，像仆役一样听墨子使唤，却不敢问自己想要问的事。

墨子很怜悯他，于是备了酒和干肉，来到泰山，垫了茅草席坐在上面，用酒菜酬劳禽滑釐。禽滑釐拜了两次，然后叹了口气。墨子问他："你想问什么吗？"禽滑釐又行了两次再拜礼说："请问守城的方法。"墨子说："先不要问，先不要问。古代有懂得守城之道的人，但对内不亲厚百姓，对外不结交诸侯，以自己一个国家去反间别的众多的国家，自己力量弱小却轻视强大的国家，结果送命亡国，被天下人耻笑。你对此可要谨慎啊，恐怕你还会为此送命。"禽滑釐又拜了两次再伏地叩头，希望能弄清守城的办法，说："请问如果攻城一方兵士众多又勇敢，填埋了我方护城河，军士一齐进攻，攻城的云梯架起来了，进攻的武器已安排好，勇敢的士兵又很多，争先恐后爬上我方城墙，该如何对付呢？"

子墨子曰："问云梯之守邪？云梯者，重器也，亓动移甚难。守为行城①，杂楼相见②，以环亓中。以适广陕为度③，环中藉幕，毋广亓处。行城之法：高城二十尺，上加堞，广十尺，左右出巨各二十尺④，高、广如行城之法。为爵穴煇鼠⑤，施苔亓外⑥。机、冲、钱、城⑦，广与队等。杂亓间以镌、剑⑧，持冲十人，执剑五人，皆以有力者。令案目者视适⑨，以鼓发之，夹而射之，重而射之，披机藉之⑩，城上繁下矢、石、沙、炭以雨之，薪火、水汤以济之。审赏行罚，以静为故，从之以急，毋使生虑。若此，则云梯之攻败矣。

**【注释】**

①行城：城上加筑的临时城台。

②杂楼：城头加筑的塔楼一类的建筑。见：同"间"。

③陕：同"狭"。

④巨：通"距"，原指禽类的爪，此指伸出的部分。

⑤爵穴：当即"雀穴"，指如雀巢一样小的洞穴。辉（xūn）：熏灼。古人用烟熏鼠穴的办法来赶走老鼠，所以，也把小洞叫熏鼠。

⑥荅（tà）：渠荅，铁蒺藜，一种御敌的器具。

⑦钱：当作"栈"。

⑧镌（juàn）：凿子。剑：当为"斲"。这些都是用来斫破敌人云梯的工具。

⑨案：即"按"，按目，定睛观察。適：通"敌"。

⑩披机：当作"技机"。

**【译文】**

墨子说："你问的是对云梯的防守吗？云梯是很重的攻城器械，它的移动十分困难。守城一方可在城墙上筑起行城，中间加些杂楼，把自己环围起来。其间要留有适度的宽窄，其中要拉上幕，因此不要过宽。筑行城的方法是：行城高出原城墙二十尺，上面再加筑矮墙，宽十尺，左右各伸出二十尺，高度、宽度与行城标准相同。城墙下要开凿像雀巢、鼠穴一样大小的洞孔，孔外安置铁蒺藜。供投掷的技机、抵挡云梯的冲车、外出救援用的行栈、临时用的行城等器械，其排列的宽度应与敌人进攻的广度相等。在这些器械之间还要夹杂拿着凿子和斫刀的人，十人掌握冲击云梯的冲车，五人手里拿着斫刀，都选用非常有力气的人。再命令能仔细瞭望的士兵观测敌情，用鼓声来发出号令，或从两边向敌人射击，或重点向一个地方射击，或借助技机向敌人投掷。城上像下雨一样把箭矢、石头、沙子和炭灰投下，再把火把和热水往下灌。同时赏罚严明，处事镇静，但又要当机立断，不要发生其他变化。如果能这样，那云梯的攻法就被打败了。

　　"守为行堞，堞高六尺而一等，施剑亓面，以机发之。冲至则去之，不至则施之。爵穴三尺而一，蒺藜投必遂而立<sup>①</sup>，以车推引之。

**【注释】**

　　①蒺藜投：一种带刺的御敌器械。遂：当为"队"。

**【译文】**

　　"防守云梯还要在城墙上加筑临时的矮墙'堞'，各处都一样建六尺高，在墙外安剑，用机器发射。敌方若有冲撞机上来便撤去，没有冲撞机就用它。矮墙下开小小的洞穴，每三尺一个，蒺藜投一定要对应敌人的阵形摆放，用车推出去再拉回来，可以反复使用。

　　"裾城外<sup>①</sup>，去城十尺，裾厚十尺。伐裾，小大尽本断之，以十尺为传<sup>②</sup>，杂而深埋之，坚筑，毋使可拔。二十步一杀<sup>③</sup>，杀有一鬲<sup>④</sup>，鬲厚十尺，杀有两门，门广五尺。裾门一，施浅埋，弗筑，令易拔。城希裾门而直桀⑤。

**【注释】**

①裾城外：句首当有"置"字。裾，当为"椐"，城外
  的木篱。

②传：当为"断"字。

③杀：疑指预备投掷敌人的地方。

④鬲：当为"格"，指阻止敌军前进的武器。

⑤希：望。直：通"置"。桀：同"楬"（jié），做标
  志的木桩。

**【译文】**

"在城外十尺远的地方安置木篱，木篱的厚度为十尺。
采伐木篱的方法是，无论大小，一律从根伐断，锯成十尺
一段，间隔一段距离深埋于地中，要埋得很结实，不要让
它能被拔出来。城墙上每隔二十步设置一个杀，每个杀都
备一个鬲，鬲要有十尺宽，杀有两个门，门宽五尺。木篱
设一个门，浅埋就可以，不用夯得太结实，要让它能容易
被拔出来。城上对着木篱门的地方安置做标志的木桩。

"县火①，四尺一钩枳，五步一灶，灶门有炉
炭。令适人尽入②，煇火烧门③，县火次之。出载
而立，元广终队。两载之间一火，皆立而待鼓而燃
火，即具发之④。适人除火而复攻，县火复下，适
人甚病，故引兵而去。则令我死士左右出穴门击遗
师⑤。令贲士、主将皆听城鼓之音而出，又听城鼓

之音而入。因素出兵施伏⑥，夜半城上四面鼓噪，适人必或⑦。有此必破军杀将。以白衣为服，以号相得，若此，则云梯之攻败矣。"

**【注释】**

①县：悬挂。

②适人：敌人。适，通"敌"。

③烀（xūn）：熏灼。

④即具：当作"疾俱"。

⑤遗：疑当作"遁"。

⑥因素：照旧的意思。素，平素，故。

⑦或：通"惑"。

**【译文】**

"城头悬挂火具，每隔四尺设置一个挂火具的有钩的木桩，五步设一口灶，灶门备有炉炭。等敌人全部进入就放火烧门，接着投掷悬火。把作战器械从车中取出立放，其排放宽度与敌人的队伍相一致。两个兵车之间设一个悬火，掌火的人都站着等待攻击的鼓声，鼓声一响就立即点火，并同时快速地把悬火投掷出去。敌人如果把悬火除去并再次进攻，就再次投掷悬火，敌人损失很大，因此就会撤兵而去。这时就可以命令我军的敢死队从左右出穴门追击遁逃的敌军。命令我方的勇士与主将都要听从城头的鼓声出城进攻，也要听从鼓声的指挥撤回城里。这时也仍然要设置埋伏，半夜的时候城头上再四面击鼓呐喊，敌人必然迷惑。能做到这些就可以打败敌军并擒杀敌军将领。当然，要统一穿白衣，要有号令来联络，如果做到这些，那么用云梯来攻城就会失败。"